OHSAMA BUNKO

心が「ほっ」とする小さな気くばり

岩下宣子

三笠書房

相手が喜んでくれて、
自分もうれしくなる。

大げさじゃない、
ほんのちょっとしたこと。

そんな〝小さな気くばり〟で、
お互いに心がほっとする、
もっと笑顔になれる。

はじめに……お互いに〝うれしい気持ち〟が広がる、ちょっとしたこと

人からしていただいた気くばり、また、自分が人にしたことで喜んでもらえた気くばりの、忘れられない思い出があります。

たとえば――。

前に会ったときに、**「〇〇の花ってきれいね」と話したのを覚えてくれていて、**誕生日に、その花の花束をプレゼントしていただいたこと。

ブルーな気持ちになっていたときに、**それを察してくれた**友人が、ただ私の話を聞くためだけに時間をつくってくれたこと。

あるいは、ちょっとお世話になった方に、**お礼の気持ちを手紙に**したためたら、向こうからも丁寧なお返事をいただいて、なんだか恐縮してしまったこと。

そうした瞬間を思い出すだけで、「人って、いいな」と心がほっとします。

押しつけがましくなくて、さりげなくて自然なのに……しばらく温かい印象が残る言葉や行動、しぐさ。

それが、「小さな気くばり」です。

これまで、マナーの大事さを皆さんと考えることを長く続けてきて思うのは、マナーも気くばりも、根底にあるのは〝**相手を大切に思っていることを、伝えようとする気持ち**〟だということ。

この本には、私自身が毎日の中で感動した、とっておきの気くばりのエピソードを集めました。

きっと、読むだけで心癒《いや》されるものがあるはずです。

そしてその中に、「自分もこうしてみたいな」と感じられる発見がありましたら、何よりうれしく思います。

岩下宣子

もくじ

2章 お互いの気持ちを「ほっ」となごませる話し方

3章

「あの人といると、なぜか落ち着く」
——と思われる秘密

4章 感じがよくて「気がきく人」は、ここを忘れない

5章

〝気くばり上手〟のまわりには、素敵な出来事が集まってくる

コラム

イラスト◎田中チズコ

1章

こんな「ほんの小さな気くばり」が、いつまでも心に響く

「気くばり」と「おせっかい」の境界線は、どこにある?

世の中には、気くばり上手な人と、そうでない人がいますね。

気くばりは、どのようにすれば、自然にできるようになるのでしょうか。

私自身を振り返ると、子どもの頃——父が読もうとしているタイミングで新聞を持っていくと、父が笑顔になって「よく気がきくね」とほめてくれ、頭を撫《な》でてくれたのが、最初の記憶です。

また、母が仕事で遅くなるときにご飯を炊《た》いておくと、仕事から急いで帰ってきた母が「ありがとう」と喜んでくれる。

私はそんなことを、すごくうれしく感じていた子どもでした。

それから、**「気くばりをすると、相手に喜んでもらえる。それは自分にとってもうれしいことだなあ」**と感じて、行動するようになったのです。

ぜひ子育て中の皆様は、お子さんが何かしてくれたときには、躊躇《ちゅうちょ》しないで少し大げさにほめてあげてください。人の喜びがわかる人になると思います。

そのように気をつかっているうちに、私は、自分が何をすれば、どのように動けば今、一緒にいる人に、喜んでもらえるだろうと考える子どもになりました。

やがて、会社に勤《つと》めるようになると、職場で先輩が薬を飲もうとするのを見ては、お水の入ったコップをサッと持っていく大人になっていました。

とにかく、自分が何かすることで他人に喜んでもらえるのが、私にはとてもうれしく、喜びになっていったのです。

そんな中、ある日先輩に**「あなたがやっていることはつらいわ、気をつかわれすぎて、こちらが疲れる」**と言われてしまいました。喜んでもらえると思ってやっていたことが、反対に嫌だと言われたことが、本当にショックでした。

人のためを思って動く喜びを知ってしまった私には、心の矛盾《むじゅん》が生まれました。いっとき、どうしたらよいかわからなくなってしまいました。

でも、経験は力です。失敗を繰り返しながら、相手を疲れさせない気づかいができることを考えるようになりました。

人によって、うれしいと思われること、喜ばれることは違うものです。

本当の気くばり・気づかいとは、「こういうときは、こうすれば必ず喜ばれる」という不変の法則のようなものでは決してないのです。

相手をよく見て、相手の気持ちに寄り添ったうえで行動しなければ、こちらは気をつかったつもりでも、〝よけいなおせっかい〟と思われかねません。

それでは、「本当の気くばり」ができるようになるためには――?

そうです、センス（物事の微妙な感じ、あるいは意味を悟《さと》ること）を磨《みが》くことです。

センスを磨くには、やはり経験を重ねるしかありませんね。

周囲をよく見て、相手がどう感じていて、何を求めているかを、言外《げんがい》に察する。

そして、押しつけがましくならないように行動する。

場合によっては、何もせず、そっとしておく。

私も経験に経験を重ねて、少しまわりの空気を読めるようになったように思います。

それまでは、自分の気持ちだけで動いていた私が、〝してあげたい〟と動きたくなっても、我慢することも覚えるようになりました。

「親切という名のおせっかい　そっとしておくおもいやり」という相田みつをさんの言葉もあります。

本当にそうですね。

ときには、何もせず「そっとしておくこと」が一番、喜ばれることもあるのです。

◆気くばりは「相手」ありき。

ちょっとした「手間」を惜しまないところに、感動が生まれる

仕事のために、普段行かない遠方に出かけたときのことです。

とある駅まで新幹線で行き、そこから在来線に乗りかえるとき、電車を乗り間違えてしまいました。

あわてて次の停車駅で降りて、改札に駆《か》け込みました。駅員さんに、「13時半前までに○○駅に着かないと大変なことになるんです」と話して、タクシーで行ったほうがよいかを伺《うかが》いました。

駅員さんは「2分後に電車がくるので、それに乗って一度◆◆駅に戻り、○○駅に行ったほうがよい」と教えてくださいました。急いでホームに移動して電車を待っていましたら、構内放送が聞こえてきました。

「○○駅にいらっしゃるお客様、次の電車は、◆◆駅には13時10分に着きます。◆◆駅の3番線から○○行の電車が出ます。それにご乗車になると○○駅には、13時20分に着きます」

ホームで聞いていた私は恥ずかしかったのですが、駅員さんの心づかいが有り難く、とてもうれしい気持ちになりました。

仕事に間に合うだろうかという私の不安な気持ちをキャッチして、早く安心させてあげようという思いやりから、わざわざ手間をかけて放送をしてくださったのです。私だったら、そこまですることができたでしょうか。

駅員さんのお名前はわからなかったのですが、お礼状を出すことにしました。葉書に「JR□□駅御中」と宛名を書いて「親切にしていただいたことに感謝します」と書きました。

私は、親切にしていただいたときは、お礼状を出すようにしています。おっちょこちょいの私は、年中忘れ物をします。東海道新幹線の中で忘れ物をして、その後見つかったときも、お礼状を出しました。

そうしたらＪＲ東海のサービス相談室から、

「弊社東京駅へお礼のお便りを頂戴しましてありがとうございました。お客様の温かいお言葉が、私どもの何よりの励みでございます。当日対応しました関係係員に伝えさせていただきます」

という内容のお便りをいただいて、こちらがビックリしました。

これぞ心のキャッチボールですね、目に見えない贈り物です。

何より、お忙しい中、わざわざお便りを返してくださった。

その手間をかけていただいたことに、私は感動してしまったのです。

礼状を出した私のほうがうれしくなりました。

皆さんも、大好きな人を喜ばせようと計画を立てて、その人が、本当に喜んでくれた姿を見たとき、自分のほうがうれしくなったという経験があると思います。

そうそう、「気をつかうのは、疲れる」という人がいます。

私自身は、意識して気をつかうというより、それが習慣の一部になってしまっているように思います。初めは気をつかっていたのかもしれませんが、しだいにそれが特別意識しなくてもやること、習慣になってしまったようです。

「人生とは習慣の織物にほかならない」という言葉がありますが、そういうことだと思います。

といっても、まだまだ気がきかないところだらけです。

私のまわりには優しい人がいっぱいです。「我以外皆我師」という吉川英治《よしかわえいじ》の言葉のとおり、老若男女を問わずまわりから思いやりの心を学んでいます。

◆ 手間をかけて「心」を贈る。

「ほんの少しの先回り」が、こんなにうれしい

人に対して思いやりのある人は、気づかいができます。気づかいができれば、気くばりができます。気くばりができれば、気走り（気働き）ができます。これを実感し、感動したエピソードをお話ししましょう。

ある企業が4月に1カ月間、嬬恋《つまごい》のホテルを借りきって研修をしていました。そこにマナーの研修で呼ばれたときの話です。

私の研修には、新入社員の皆さんがいらっしゃいます。普段は会社の制服を着ているところを、私の研修はスーツで受けてくれます。私に対する心づかいです、有り難

いことです。

その日の昼食が、スパゲッティナポリタンでした。ケチャップが飛んだら、ネクタイやブラウスを汚してしまいます。

そうしたらホテルの支配人が、大きな紙ナプキンを2枚用意して、

「皆さん、1枚は首に挟《はさ》んでください。1枚は、膝《ひざ》においてください」

とおっしゃったのです。

帰り際、軽井沢駅まで送っていただいた車の中で、支配人が「今日は申し訳ありませんでした」と私に謝ったうえで、

「今日の昼食ですが、気がついたときには、もう仕込みに入っていて止められなかったのです」

とおっしゃったのです。

人を思う！　思いやりの気持ちは、すごいですね。

新入社員の皆さんの、大切なスーツを汚すことになるかもしれないと思ったときには、ほんのちょっと先回りして気を走らせることで、そうならないようにできる。

その場のとっさの対応、ほんの少しの先回りで、相手を困らせる事態を避けることができるのです。

支配人の思いやりの心に感動しました。

思いやりの心は脳を活性化するそうですが、その支配人と話していると、こちらの心までイキイキとしてくるようでうれしくなります。人を大切にする人は素敵！　といつも思います。

相手の立場になって考えて、とにかく、走る、動いてみる。

失敗することもあるかもしれない。それはそれでよしと考えましょう。「経験は力なり」です。経験して初めて、人生や世の中が少しずつわかってくるように思います。

◆気づいたときに、すぐ動く。

「感情的にならない人」がいてくれるだけで

山手線の電車内で、こんな光景にあいました。

20代の女性が座っている前に、70代ぐらいの男性が立ちました。その女性が席を譲ろうとすると、男性が「私はまだ、席を譲られる歳ではない！」と怒った様子で言ったのです。すると席を譲ろうとした若い女性は、

「それは、ご不快な思いをさせて申し訳ありません」

と深々と頭を下げました。それから、

「失礼ですが、私よりもお目上の方と思ったもので、席を譲らないといけないと思ったまでです。よろしければ、お掛《か》け願えませんでしょうか」

と返して、その男性を座らせたのです。

皆様でしたら、どのようにしますか。

彼女の対応が素晴らしいのは、感情的にならなかったことです。冷静に、今起こっていることを客観的に分析したことです。

「私は、確かにこの人に親切心で席を譲った。でもこの方は、今怒っている。これは私の行動で怒らせた、だからそれに対して謝る。それから、相手に自分という人間を理解してもらうために自分の気持ちを伝えよう」

彼女は、相手に受け入れてもらえる表現――**「クッション言葉（失礼ですが）と依頼形（～お掛け願えませんでしょうか）」**をしています。

「お願いできますでしょうか」と言われて、不愉快には思う人はいないでしょう。

これがもし、彼女が「年寄りだと思ったので、席を譲ったのに！」と返していたら、どのようなことになったでしょうか。売り言葉に買い言葉になって、不穏《ふおん》な事態になったと想像できます。

本物の大人は、感情的になりません。

なぜなら、自分という人間や、今起こっている状態を第三者の目で見ているの

で感情的にならないのです。

大人の女、大人の男は、人から嫌な出方をされたときほど、親切心を持って接しているように思います。

先ほどの電車の中の女性のように、親切心で、相手の気持ちを変えてしまうのです。

見知らぬ人にも、こんなに優しくできるのかと感動したことがあります。

東日本大震災から7年目となった日の新聞記事に、被災地の浜辺にユリと菊の花束を手向《たむ》ける女性の写真がありました。

慰霊《いれい》のために埼玉県からきた61歳の女性です。

「つらい思いをして亡くなられた方の冥福《めいふく》と、生きている方を見守ってくれるように祈りを込めた」

と、その女性はおっしゃったそうです。このような優しい気持ちに世界中の人がなれたなら、戦争も起こらなくなることでしょう。

自分を〝他人の目〟で見る。

先に好きになれば、向こうからも「好き」が返ってくる

言葉も丁寧、しぐさも丁寧、だけどなぜか冷たさを感じさせる人に、会ったことがありませんか。笑顔なのに、温かさが伝わってこない人って、いるものです。よく見てください。口元は笑っていても、目が笑っていないのです。

心と目は連動しているのです。

心では「嫌だなあ」「面倒だなあ」と思っていても口角《こうかく》は上げられるのですが、目だけは笑っているようにはならないので、心からの笑顔に見えないのです。

ですから人に会ったとき、嫌だと思ったほうが負けなのです。心の中で嫌っては、相手に見抜かれてしまうのです。

自分の土俵でつきあうためには、まず、相手のことを好きになることです。**生理的にダメかもしれないと思ったような相手でも、よいところが必ずあります。**たとえば、目の形がよいとか、声がよいとか、何事にも真面目だとか、正直でウソをつかないとか。

もっといえば、人間はしょせん、何も自分で選んで生まれてきてはいないのです。あなたは、ご自分の両親を選んで生まれてきましたか。顔は自分で選びましたか。性格も自分で選んできましたか。私は、何一つ選んで生まれてきた覚えがないのです。

生理的に嫌だと思っている人も、「たまたまこういう性格」、「こういう顔かたちに生まれてきたのだ」と思うと、人間が愛《いと》おしく思えるのです。

人との関係（ご縁）は、めったにできないものです。この地球上に70億の人がいるとして、一生のうち、どれだけの人とご縁があると思いますか。普通の人で2万人、多い人で5万人だそうです。

5万人の人に会えるとします。70億人から引いてみると、69億9995万人の人とは顔も見ず、言葉もかわさず終わってしまう人生なのです。

と思うと人生、人との出会い、ご縁は奇跡なのです。

せっかくのご縁です。相手の悪いところばかり見てイライラカリカリするより、よいところを見たほうが、心穏《おだ》やかに暮らせると思いませんか。

人間大好き人間になる！

そのほうがよい笑顔が生まれ、相手にも好印象を与えます。

まずは人に会ったとき「あなたにお会いできてうれしい！」という気持ちを持つこと、そうしたら目も笑った感じのよい笑顔になると思います。

実業家で、ご自身で美術品を収集し足立美術館を開いた足立全康《あだちぜんこう》さんは、90歳近くまで毎日、鏡を見て笑顔の練習をしていたそうです。

足立さんは、**「笑顔とは人相《にんそう》なり」**とおっしゃっています。

◆目の前にいる人は〝縁のある人〟。

「笑顔＋ありがとう」は、最高のプレゼント

笑顔って不思議です。好きな人たちのことを思い出すときは、ふしぎとその人の笑顔が心に浮かんでくるのです。

笑顔って、人の脳裏《のうり》に焼きつくのですね。

子どもたちの笑顔は皆素晴らしいのに、大人になるとなぜ、ああいう純粋な笑顔になれないのでしょうか。

それは、立場や関係性があって、素直に気持ちを表現できない場面が多いからではないでしょうか。また、生きている中でさまざまな人間を見てきたために、心のどこかに警戒心があるからかもしれません。

いつも、誰にでも、心からの笑顔ができる人間になれるといいですね。

こんな逸話《いつわ》があります。

ある町がありました。一人の旅人がその町にやってきて、町の入り口にいた老人に「おじいさん、この町はどんな町ですか？」と聞きました。

するとおじいさんは、旅人に「あなたが今まで住んでいた町は、どんな町でしたか？」と聞き返しました。旅人は次のように答えました。

「いやあ、前にいた町は嫌な人ばかりで、ろくな町じゃなかったよ」

それを聞いたおじいさんは、旅人にこう返しました。

「そうですか、この町もあなたがいた町と同じです」

また別の日、旅人がやってきて、「おじいさん、この町はどんな町ですか？」と尋ねました。また、おじいさんはそれに答えず「あなたが前にいた町はどんな町でしたか？」と尋ね返しました。その旅人は、

「私がいた町は、素晴らしい町で、人々は親切で、あんなよい町はありませんよ」

と言いました。するとやはりおじいさんは、

「そうですか、この町もあなたが前にいた町と同じです」

と答えたのです。

「自分のまわりの環境は自分の心が決める」ということを教えてくれる話ですね。

この話を聞いたとき、私はこれまでの自分の生き方でよかったんだと思いました。なぜなら、人から「あの人、どんな人？」と聞かれたとき、私はたいてい、「よい人よ」とか「綺麗《きれい》な人よ」と答えるので、「あなたは、誰にでもよい人、綺麗な人っていうのね。そんなでもないんじゃない」と言われたことがあったのです。

でも私には、本当に単純かもしれませんが、そう感じられるのです。

昔、映画評論家として一世を風靡《ふうび》した淀川長治《よどがわながはる》さんは、**「私は、今まで『嫌いな人』に会ったことがありません」**とおっしゃっていました。

しょせん、人間は「私にとってよい人がよい人」で、「私にとって悪い人が悪い人」になるので、皆、自分を基準に考えているだけのようです。

70年ちょっと生きてきて思うのは、たいていの人はよい人です。

だったら**人から何かしてもらったときは、ちょっとしたことでも天に開く花の**

ような笑顔で素直に「ありがとうございます」と言える人間になりたいと思います。

自分にとってよい職場か悪い職場かは、相手ではなく自分の心が決めている。

そう考える覚悟ができれば、相手のせいにせず自分が変われるのではないかと思います。

幕末から明治にかけて生きた思想家の横井小楠《よこいしょうなん》という人は、

「自分にとって嫌なことがあっても人を非難してはいけない。

そうすることは己《おのれ》の徳《とく》を減らすことになる。

（中略）目指すべきは人間の在り方、自分を修《おさ》めて、立派な人間になることだ」

といっています。

全ては自分の心が決める、だったら高杉晋作《たかすぎしんさく》ではありませんが「面白き事もなき世におもしろく」と生きていきたいと思います。

◆人を変えようとせず、自分が変わる。

「気くばり」が伝わる、大人のしぐさ

カップなどをテーブルに置くとき、恋人とデートした後、別れるような気持ちで、そっと優しく置いていますか。

恋人と別れるときは名残惜《なごりお》しい気持ちになるものですよね。そのような気持ちで物を置くのです。

落とした物を拾うとき、腰を落として拾っていますか。

しゃがまずに腰を折って物を拾う人は多くいますが、エレガントではありません。落とした物に近い足を少し引いて、しゃがんでから拾うとエレガントです。また、そのほうが拾いやすいのです。

そのとき、フレアースカートをはいている場合は、しゃがみながらスカートの裾《すそ》を膝《ひざ》の後ろに挟むと、スカートが地面につかずスマートにしゃがめます。

誰かとお別れのあいさつをしてその場を離れるとき、すぐに背中を見せないようにしていますか。

相手に心を残してお別れしたという印象にするには、すぐに背中を見せないこと。それだけで、余韻《よいん》を感じさせます。

書類や贈り物などを渡すときに、いっぺんに両手を離さず、片手ずつ離していますか。

片手ずつ離すと、物を大切に扱っていることが伝わりますし、動作としてもエレガントに見えます。逆に、いっぺんに両手を離してしまうと、心がこもっていないように感じさせますし、乱暴に見えてしまいます。

椅子《いす》から立ち上がったとき、椅子をサッとテーブルの下に入れていますか。

オフィスなどで椅子が出しっぱなしになっていると、だらしない人の多いオフィスだと感じます。きちんと椅子が机の下に入っていると、オフィス全体が整然と見えて気持ちがよいです。

◯ビルなどの手動のドアを開けて出入りするとき、後ろに人がいないかチェックしていますか。

娘がイギリスにホームステイをしていたとき、お店に先に入っていく男性が、かなり離れていたのに、ドアを持って娘がくるのを待ってくれていたそうです。

日本では自動ドアが多いので、そういう機会も少ないかもしれませんが、自分が入るときに後ろに人がいないか振り返ることは、大切な配慮だと思います。

余談ですが、我が最愛なる夫と一緒にお店に入っていったとき、先に入った夫がドアにかけた手を離したので、勢いよく閉まりかけたドアが私にぶつかったことがあります。日本の男子よ、レディファーストがスマートにできるようになることを祈ります！

ドアを閉めるとき、閉まる寸前でいったん止めてから、ゆっくりドアを閉めていますか。

これを習慣にしてしまうと、いつでもドアを静かに、自然にエレガントに閉められるようになります。ドアを閉めるとき、バタンと大きな音を立てる人がいますが、乱暴なしぐさです。

公共のトイレを使ったとき、綺麗に使ったかどうか振り返っていますか。

自分が使った後、次の人が気持ちよく使えるようにしたいもの。他人が汚した物を拭《ふ》くのは嫌なものですが、自分の汚した物は、他人が汚した物より汚く感じません。流し忘れも嫌なものです。トイレを使ったら、すぐに振り返りたいものです。

食事をした後に、食べ散らかしていないか、自分の食べた後を他人の目で見直すようにしていますか。

日本人は昔から食べた後、または食べ残した後に「景色をつくる」といって、食べ散らかしたようになっていないか、振り返る習慣があります。外食なら、片づけるお店の人にも気持ちよく片づけてもらえるようにという思いやりの心です。

食事のときには、脚を組まないようにしていますか。

脚を組んでいるとしびれてくるので、脚の組み方をかえますよね。そのときに、テーブルにあたって揺れると、上に載《の》っているものを倒す恐れがあります。

ときおり若い女性がテーブルの下で脚を組んで、つま先だけひっかけた靴をパカパカさせている光景にあうことがありますが、見ているほうは不愉快ですね。

駅のホームなどで人の前を横切るときに「会釈」をしていますか。

電車などで空《あ》いている席に座るとき、隣の方に「会釈」をしていますか。

公共の化粧室で並んで順番を待ち、自分の番になったとき、次の人に「会釈」をしていますか。

お店で相席になったときや、結婚披露宴などで大勢の方と同じテーブルを囲んで着席するとき、「会釈」をしていますか。

公共の場で、周囲への気づかいを忘れずにいたいもの。見ず知らずの隣にいる方にも配慮ができる人は、とてもエレガントに見えます。

公共の場所では、自分が使ったものを元あったとおりにする。

次に使う人にも、気持ちよく使ってもらうために、立ち去るときには必ず後ろを振り返って見るようにするとよいのです。

後ろを振り返る癖をつけると、忘れ物もしなくなりますから、一石二鳥です。

◆丁寧に扱う、丁寧に振る舞う。

〝マニュアル〟に頼らない思いやり

「気くばり」「気づかい」というと、「こういう場面では、こうしなければならない」「いつでも周囲に目をくばり、気を張っていなければならない」という、堅苦しいマニュアルのように思い込んでいる方がいます。

そういう方は、自分が失敗や粗相《そそう》をしないか、あるいは他人がマナー違反をしないかと気にしてしまって、かえって心の負担になっているようです。

ですが、本来、気くばりとは、とてもシンプルでおおらかなもの。

「相手の立場に立って考え、相手の喜ぶことを実践する」という思いやりの心の表現なのです。

自分を大切にするように、他人（まわりの人）を大切にする心なのです。

エピソードとして非常によく語られるのが、英国の女王の話です。

他国の王様をお招きした晩餐会《ばんさんかい》でのこと。そのお客の王様が、デザートを食べた後に指先を洗うためのフィンガーボールが出てきたときに、ボールを持ってその水を飲んでしまいました。まわりの人はびっくりして見ていました。

そこで女王は、ご自分もフィンガーボールを持って飲むふりをした、というものです。女王が飲むふりをしなかったら、他の人々はボールで指先を洗ったでしょう。そうしたらお客の王様は、とても恥ずかしい思いをすることになっていたのです。

しかし、このお話についても、さまざまな意見を言う人がいます。

「あんなことをしたらお客の王様は、フィンガーボールの水は『飲むためのものだ』と、ずーっと勘違いしたままになるのでよくなかった」

というものです。

皆様、どのように思われますか。ほかにも、

「その場では指摘せずに、ボールの水を飲むふりをして、後からお手紙を書いてテーブルマナーのルールを知らせてあげれば、それが一番親切だ」

と言う人もいます。

確かにそうすれば、晩餐会で皆の前でお客の王様が恥をかくこともありませんし、また同じ機会があったときに、同じ失敗をするのを防ぐことができますね。

どの対応が、お客の王様にとって一番よいのか。

〝絶対の正解〟を教えてくれるマニュアルはありません。

相手ありきで、相手の立場に立って考えるのが、気くばりの心です。

友人同士でも、家族間でも、ご近所でも職場の人間関係でも、気づかいの心、相手を思いやる心を実践していくことで、ほとんどの関係がうまくいくように思います。

◆ルールに縛《しば》られず、相手を大事に。

2章

お互いの気持ちを「ほっ」となごませる話し方

名前を呼んだぶんだけ、心はグッと近くなる

私がよくお仕事をご一緒させていただく方で、必ず相手の名前を呼んでから「おはようございます」とか「こんにちは」とあいさつされる紳士《しんし》がいます。

たとえば**「岩下さん、おはようございます」**というようにです。

別れ際にも**「岩下さん、失礼します」**です。

自分の名前を呼ばれると、自然に背筋が伸びるように思います。と同時に、自分の名前を呼んでくれた相手に好感を持ちます。

アメリカの作家デール・カーネギーも、こう書いています。

「この世で一番心地よく響く言葉は、自分の名前である。人は、自分の名前を呼んでくれる人に好意を持つものだ」

と。確かにそのとおりです。職場でも新入社員は、いかに早く、職場の人の名前やお得意様の名前を覚えるかが大事と昔からいわれています。

私自身の経験からも本当にそうだと思います。

予約されているお客様や、宿泊するお客様の名前を、従業員全員が言えるようにしているホテルやお菓子屋さんも知っています。

あるホテルに泊まって、朝、食事に行くために廊下《ろうか》を歩いていたら、従業員の方に「岩下様、おはようございます」と声をかけられて「へぇー」と感心したものです。

お菓子屋さんには、予約していったのですが時間に遅れてしまいご迷惑をかけたのに、出迎えてくださった従業員の方に、

「岩下様ですか。ようこそお越しくださいました」

と言われて、ほっとした思い出があります。

◆名前を大切に。

感じのよい人は、決まってとびきり「聞き上手」

なぜか、初対面でも安心させてくれる、優しい雰囲気を漂《ただよ》わせている人がいます。そんな人は、自分の話は3分ぐらいにして、その何倍も人の話を聞くようにしています。人は自分の話を聞いてくれる人に好感を持つのです。

「同《どう》の効果（親和《しんわ》効果）」ってご存じですか。

これはたとえば、出身校や出身地が同じだったり、同じ趣味を持っていたりすると、初めて会った人でも急に親しみを感じることをいいます。

この「同の効果」を使うと話がはずみます。

自分でなくても家族と同じ学校だったり、同じ趣味だったりするだけでも、相手に親しみを感じるのが人間です。そんな共通点から話を広げていくと、心の距離も縮まります。

そのためにも、質問力を身につけたいものです。

「旅はお好きですか？」「どんな趣味をお持ちですか？」など相手の好みや暮らし、性格のわかる質問をするのは、相手との共通点を見つけるためによい質問です。

また、初対面で「ご結婚されていますか？」「ご主人はどこにお勤《つと》めですか？」「お子さんはいらっしゃるの？」といった質問は、控《ひか》えましょう。

このようなことは、こちらから質問するのではなく、相手から話してもらうようにできたらよいのですが、話の持っていき方が難しいもの。プライバシーにかかわる質問は、ある程度親しくなってからするのが原則です。

また、親しくなってからも、相手が話題にしたくなさそうなことがあれば避けます。気づかう心があれば、これ以上は聞かないほうがいいかもしれないという忖度《そんたく》もできるはずです。

人と人との間の〝距離感〟を大切にする、人の心の中に土足で踏み込まないようにすることも大切です。

「忖度」を辞書で引くと、「自分なりに考えて、他人の気持ちを推《お》しはかること」とありました。思いやりの心です。

思いやりの心でお話しできれば、相手を傷つけるような言葉は出てこなくなると思います。**こうした思いやりのある言葉を、「愛語《あいご》」と呼ぶのです。**

「愛語回天《かいてん》の力あり」と道元禅師《どうげんぜんし》がおっしゃっているように、真心から相手のことを思って言った言葉は、天をも逆さにするといわれています。

あるとき、小学6年生のクラスにマナーのお話をするために呼ばれて行って、「毎日どのような言葉を使っているか、それが皆さんの顔をつくっているのですよ！」と話をしたら、男子が手をあげて、「僕は今まで、平気で人を傷つける言葉を使っていましたが、これからはもう使わないようにします」と言ってくれました。

「話す言葉が、その人の顔をつくる」というのは本当で、どうも私たちの顔のうち、自分の思いどおりに動くのは目と口と舌《した》だけで、その他の表情筋は、感情でしか動かないらしいのです。

だから、**意地悪な言葉を話したとたん、意地悪な表情筋が即座に反応してしまう。**

だから意地悪そうな顔になるのです。

相手のためにも、ご自身のためにも、愛語をたくさん使ってくださるとよいなと思います。

◆ **〝共通点〟から話を広げる。**

「その気持ち、わかる！」のひと言で癒される

相手が身を乗り出してこちらの話を聞いてくださったり、気持ちのよい相づちを打ってくださったりすると、うれしくなってどんどん話したくなったことはありませんか。

会話を盛り上げる相づちには、共通点があります。


「それは○○だったね」

「その気持ちわかる。私も……」

「確かに○○よね」

「うん、うん、そうだったの。それで？」

「それは大変だったね」

など、これらはみんな、**相手への共感を表わす相づち**です。

「その気持ち、わかる」と相づちで示してもらえると、話しているほうは安心して、もっと話そうという気持ちになるものです。

とりわけ、**大変だったことや、悩んでいることを打ち明けるときには、「こうしたらいいんじゃない」「私ならこうするわ」などとアドバイスをされるよりも、まず話を聞いて共感してほしいもの**です。

ただ人に話すだけで、心の整理ができるようです。

「あなたの気持ち、すごくわかるわ」というひと言が相手の口から出るのを聞いただけで、ほっと安心できた、心の重荷が降ろせたような気がしたという経験は、あなたにもあるのではないでしょうか。

共感こそが、人の気持ちを癒す特効薬ではないかと、私は思っています。

まず、相手の気持ちに寄り添い、共感を示す。途中で「それは違うんじゃないかな？」と思っても口を挟まない。アドバイスや解決策を話すのは、その後です。

特に男性の方は、すぐに具体的なアドバイスをして解決してあげようとする傾向があるように思います。お話を聞くときは、「まず共感」です。

相手が話している中で、大事だろうと思ったところでは、**「そうだったのね」「○○なのね」「○○なのですね」**と繰り返すのも、相手の話を聞きたがっていることが伝わります。目を見て、深くうなずいて聞いてくれる人には安心感を覚えます。

「それで?」「それから?」と話の先をうながす言葉も、あなたの話に興味を持っていますということが伝えられます。

人間は一人で生きていくことはできません。「人類は思いやりの精神でお互いに助け合ってきたから、絶滅することなく生き残った」という人類学者もいます。

「話してすっきりした」と言われたら、お互いにハッピーになれます。

大切な人の話を真剣に聞くことで、こちらの人生経験を増やすこともできます。人生の尺度《しゃくど》が、また少し長くなったことにもなるので、やはり感謝すべきことかもしれません。

聞き上手になるために、**ボディランゲージ（体の言葉）としては、身を乗り出すような前傾《ぜんけい》姿勢で「聞いています」という態度を示します。**

椅子に少し浅めに腰かけて、重心を太腿《ふともも》に置くと、上体が前に傾《かたむ》きます。そのような姿勢で話を聴いていると、相手から見ると、心を近づけてくれているようでうれしくなります。

余談ですが——レストランで若い男女が話している様子を見ていると、座り方でどちらの想いが強いかわかるようです。

女性が身を乗り出して、男性が反《そ》って座っているようなときは、女性のほうが想いが強い。男性が身を乗り出して座っていて女性が反って座っているときは、男性のほうが想いが強い。男女がお互いに身を乗り出しているときは、相思相愛とわかります。

◆まず「共感」を示す。

ネガティブワードは〝ポジティブワード〟に変換！

あるパーティで、若い友人に久しぶりに会ったので、

「〇〇ちゃん、やせたわねえ」

と声をかけました。

その友人の女性は、もともと少しポッチャリ気味で「やせたい！」とさかんに言っていたのを知っていたので、私としては、きっと喜んでくれるだろうと思って言ったのです。

ところが、そばにいらした紳士から、

「失礼だよ！　スマートになった、と言うべきだ」

と指摘されてしまいました。

確かにそうです。失礼な言い方でした。マナーの講師をしているのにこうですから、本当に恥ずかしいことです。

ネガティブな言葉、率直すぎる言葉をやわらかく言うには、どのような表現で言ったらよいか、一緒に考えましょう！

- 緊張感がないね↓**いつも肩の力が抜けていてさらりとしていますね**
- 八方美人／口がうまい↓**フレンドリーな人ですね、コミュニケーション力が高い人ですね**
- 遠慮がない↓**物怖《お》じしない人ですね**
- 応用が利かない↓**基本に忠実な人ですね**
- うるさい／騒々しい↓**元気な方ですね、バイタリティーのある方ですね**
- 人見知り／口下手↓**誠実な方、思慮深い方ですね**
- 落ち着きのない↓**お元気ですね、活気がありますね**
- 飽きっぽい↓**趣味の多い方、好奇心がある方、興味の幅が広い方ですね**
- 不器用↓**地道に努力している方、一生懸命な方ですね**

- 太っている人→存在感がある人、グラマーな人
- やせている人→スタイルがいい人、スマートな人
- 気まぐれ／移り気な→気持ちの切り替えが早い方ですね
- 世間知らず→純な方ですね、純粋な生き方をしている方
- 要領が悪い→ずるいことができない方、一生懸命する方
- 狭い考え方→物事をコンパクトに考える方
- 空気が読めない人→自分の世界を持っている人
- 平凡／ありきたり→手堅《てがた》い考え方ですね、定番ですが大事なことですね
- 貸したお金→立て替えたお金
- 大人しい→物静かな人
- 派手な人→華やかな方、印象に残る方ですね
- 神経質→几帳面《きちょうめん》ですね、繊細な方ですね
- マニアック→物事を極めている方ですね
- 堅苦しい→きちんとしている方
- 無愛想→クール、寡黙《かもく》な方

- 地味な人→**素朴《そぼく》な人**
- 失敗した→**勉強になった、自分の成長のよい材料になった**
- 優柔不断な人→**慎重な人**

いかがでしょうか。自分だったらどのような言い方をされるとうれしいのか、嫌なのか、相手の立場に立って考えると、「心の言葉」でまわりの人とお話しできるようになります。

◆**優しい表現を使う。**

話しやすさをつくる「話題の引き出し」

人の心は鏡。好意を持てば好意が返ってきます。嫌だなと思ったら向こうからも嫌な奴と返ってきます。ですからどんな相手にも、好意を持って話しかけることです。

失敗のない話題は、先に述べた〝相手との共通点〟の他に、**「キドニタテカケシ衣食住（木戸に立てかけし衣食住）」**でしょうか。

これは、たとえば次のような話題です。

キ気候「今年の夏は暑そうですね」
ド道楽（趣味）「スポーツは何をなさいますか」
ニニュース「最近、こんな素敵なニュースがありましたね」

夕 **旅**「最近、どちらかに旅行なさいましたか」

テ **テレビ**「近頃、こんな番組がありまして毎回楽しみにしているのですが、○○さんは、テレビの番組でいつもご覧になっているものはおありですか」

カ **家庭**「お子さんは、おいくつになられましたか」

ケ **健康**「最近、こんな健康法が流行《はや》っているそうですね。何かなさっていますか」

シ **仕事**「お仕事、相変わらずお忙しそうですね」

衣「いつも素敵なお洋服をお召しですね」「コーディネートが素敵でいつも学ばせていただいています」

食「銀座でおいしい薬膳《やくぜん》料理のお店を見つけました。ヘルシーでとてもおいしかったです。他にそういうお店をご存じないですか」

住「どちらにお住まいですか」

差しさわりのない話題ですが、ここから話が広がります。

◆好意を持って質問する。

こんなことまで「覚えていてくれた」という感動

以前、保険のセールスの方の研修をさせていただきました。

そのときに感動したのが、彼女たちは一度会っただけでお客様の好みや趣味を覚えて、次に営業に行ったときに、そのお客様の好きな物や、それに関する情報を持っていくことでした。

たとえば野球の好きな方には、好きなチームのグッズを持っていったり、好きな選手の話題を話したりするのです。

私自身も、久しぶりにお会いした編集者の方から、

「岩下さんは、豆かんが好きと伺っていたので、評判のお店の近くを通ったもの

ですから、おみやげに持ってきました」

と言われたときは、うれしかったですね。

自分でもいつ話したか覚えていないことを覚えてくれていたなんて、本当に感動です。もしかしたら、そういう人は、自分のまわりにいる人の「好きな物帳」をつくっているのかもしれませんね。


「愛」の反対は「憎しみ」ではなく、「無関心」なのだとはよくいわれます。

相手の言ったことや、好きなものを覚えておくことは、相手に関心を持たないとできないことです。


といっても、失敗することもあります。

お世話になっている人が「海老《えび》せんべいが好き」と前におっしゃっていて、仕事で久しぶりに会うことになったので、名古屋に行ったついでに買い求めてお贈りしたら「もう、飽《あ》きちゃったの！」と言われてがっかりしたことがあります。

久しぶりにお会いするときは、前もってメールで、

「今、名古屋にいるので、お好きと伺っていた海老せんべいをおみやげにと思うのですが、お持ちしてよいですか」

と聞いておくのもよかったのかな？　と思いました。

どちらにしても、自分の好きなものを覚えてくれていたというのは、自分に関心を持ってくれていることなので、うれしいことだと思います。

いずれにしても書き留めておかないと忘れます。人間は、20分たつと42％のことを忘れる動物のようです。メモをしておくことは大事なことですね。

◆相手の好きなものを覚えておく。

〝その話の主人公〟になってもらう

多くの人が、人と話しているときに、意外に悪気なくやってしまうよくないことが、**〝話題の横取り〟**です。

これはたとえば、

「昨日ね、横浜に行ってきたの」

と相手が話し始めたようなときに、すぐに、

「ぐうぜんね！　私も先週、横浜に行ってね、赤レンガ倉庫のほうに出かけたのよ。そこに、すごくかわいい雑貨屋さんがあって……」

と言って、相手が出した話題を奪ってしまうこと。

相手は、自分の横浜での話を聞いてほしかったのに、**話の主導権をいきなり奪われてしまったら、もう話すことができなくなってしまいます。**

これが〝話題の横取り〟です。

ほかにも、何人かで話しているときに、

「最近、こんな珍しいお店に行ってね……」

と話し始めた人がいたのに、間髪をいれずに、

「あっ、そのお店、私も行ったことある！　すごく話題のお店なのよね。名物の○○が本当においしいから、私はもう2回も行っちゃった」

なんて割り込んで話す人も、話題の横取りです！

最初に「最近、珍しいお店に行ってね……」と話し始めた人は、どんな気持ちになるでしょう。

その人は、そのお店がどんなお店だったのか、自分が実際に行ってみてどう感じたのか、どんな驚きや発見があったのかを、フレッシュな話題としてその場に提供したかったはずです。自分で詳しく話して、皆に聞いてもらいたかった、新しくて面白い

情報として披露《ひろう》したかったはずなのです。

それを横からすぐに奪ってしまうのは、気づかいのある人の会話とはいえないのではないでしょうか。

相手が〝その話の主人公〟として話そうとしているところで、話題を横取りするのは、心ないことです。

そういうときは、「自分もそこに行ったことがある」「自分もそれについてよく知っている」と内心で思っても、言わずに黙っていて、気持ちよく相手に話してもらう。

そして、「素敵ね」「すごい！」「そうなんですか！」と相づちを打つ。

興味を持って聞いている、驚いている、感動している、という姿勢を示すのです。

そんなふうに、**ときには「今初めて知ったふり」をする**ことも、気づかいのある振る舞いの一つだと、私は思います。

◆気持ちよく話してもらう。

皆に愛される人ほど、自分の「失敗談」を隠さない

人間には、自慢話をする人と、自分の失敗談を面白く話せる人とに、分かれるように思います。

「昔、仕事でこんな改革をして、職場の人たちに感謝されたよ」とか「このあいだ、料亭○○の3万円の会席料理を食べに行ったの」といった自慢話は、本人は、話をしていて気持ちがよいのでしょうが、聞いている人にはつまらないことが多いのです。

反対に、自分の失敗談を面白おかしく話してくれる人には、この人にもこんな面があるのだと、その人に親しみが湧《わ》きます。

失敗の中に勉強になることが多いのですから、失敗は成功のもとだけではなく成長のもとでもあります。だから自分の失敗を面白おかしく話せる人は、成長するのかも

しれません。

職場でも、後輩や部下にお説教するばかりでなく、**「自分も若い頃は、こんなミスをしたんだよ」「こういう失敗をしてしまったことがあるんだよ」**と話してくれる人には、上から目線な感じがせず、親しみが持てますよね。

自分の失敗や恥ずかしかった出来事も、客観的にもう一人の自分の目で見る。すると、大変な状況に置かれているときも冷静に判断できるようになります。

私は事務処理が苦手です。ですから仕事で関係する方には、恥ずかしいのですが、**「私、請求書作成が苦手です。ちょいちょい間違って皆様に迷惑をかけています。よろしくお願いします」**と初めに断ります。本当に計算間違いなどが多いのです。

取引先の方で私に呆《あき》れた人は、「請求書を作成されたら、一度メールに添付して、送ってくださったら、確認します」と配慮くださる方たちもいます。

自分の能力のなさを恥ずかしく思うのですが、こうやって助けてくださる方が、仕事でもまわりにたくさんいて、幸せだなと毎日感謝・感動しているのです。

ところで、皆様は気持ちが落ち込んだとき、どのようにしていますか。あるお医者様のお話だと、30分以上メソメソクヨクヨしていると、白血球の中の細菌を殺す力が20％減少するそうです。

ですから、私はそんなとき、タイマーを29分に設定してかけておきます。そしてタイマーがビーッ！　と鳴ったら、メソメソクヨクヨした感情を捨てるのです。

それでもまた、マイナスの感情が湧き上がってきたら、また、タイマーをかけます。その繰り返しをしています。

何度もやっているうちに、自分のしていることが笑えてくるのです。私のメソメソクヨクヨ脱出作戦です。よかったら試してください。

◆失敗をチャーミングに打ち明ける。

一緒にいて〝居心地がいい〟と感じてもらうには

一緒にいて〝居心地がいい〟と感じさせる人が、絶対に使わないフレーズがあります。それは、「でも」「だって」「私だったら」。

こちらが話している最中に、「でも」「だって」と言ったことを否定されたり、「それはね……」「そうではなくて……」と話の途中でさえぎられたりすると、どうですか。自分が尊重されていない感じがしますよね。

また、「私なら……」「私だったら……」と、自分の意見を押しつけたり、自分のことばかり話すのも、いかがなものでしょう。

話を聞いている途中で、「それはどうなのかな?」「私とは考え方が違うな」と思っても、相手が話し終わるまでは、相づちを打ちながら、とりあえず聞く。

その後で、こちらの考えを話すとしても、相手は「自分の話や考えを受け止めてもらえた」と感じていますから、より素直に聞いてくれるはずです。

それから、相手の話を聞き終わってこちらが話すときに、

「だからね、こういうことなのよ」

「ですから、すでにお話ししたように……」

と話し始める人がいます。

「だから」「ですから」は「何回言ってもわからない人ね！」「物わかりの悪いあなたのために、もう一度わかりやすく、言ってあげますよ」という感じになって、聞く側にとって不愉快な言葉です。

また、何かにつけて「すみません」を連発する人。

その場しのぎの「すみません」は、誠意が感じられませんね。

本当に心の底から申し訳ないと思っている様子ではなく、とりあえず「すみません」を繰り返しているという感じの人は、たまにいるものです。あまりに連発すると、

その人の口から出る「すみません」という言葉の誠意が薄まってしまう気がします。

人は、「あなたの気持ちや、考え方を尊重しています」という気持ちを、直接言葉で言わずとも、自然に伝わってくるようにしてほしいもの。

これらのよくないフレーズは、その真逆のメッセージを発して、相手に居心地の悪い印象を与えてしまいますね。

そういえば、久しぶりに会った友人に、

「黒《くろ》ちゃん（私の若いときの呼び名です。旧姓が黒須《くろす》なので）は若いとき、ごめんなさい！　ごめんなさい！　とよく言っていたわね。〝ごめんなさいの黒ちゃん〟だったね」

と言われました。ああ、恥ずかしい！　確かにおっちょこちょいだったので、失敗も多く、よく謝っていたように思います。そんな私を嫌わないで、今でも会いにきてくれる昔の仲間に感謝です。

〝誠実な言葉〟だけを話す。

磁石のように「人を惹きつける人」がしないこと

「磁石《じしゃく》人間」と「人貧乏」という言葉があります。

磁石に引き寄せられるように人が寄ってくる人と、なぜかまわりに人が寄ってこない人がいます。

磁石人間は明るく思いやりがあり、相手の立場に立てる人です。そして自分も相手も大切にできる人です。そういう人は、自分がされて嫌なことはしません。自分が聞いてほしくないことを人に聞くようなことはしませんし、話しません。

年を重ねると、いろいろな性格の人とご縁をいただきます。その中で、こちらがだんだん距離を置きたくなる人がいます。

距離を置かれる「人貧乏」の人には、グチが多いように思います。「あの人はよい人だけど、しょっちゅうグチを言うから苦手」ということをよく聞きます。

お会いするときだけでなく、電話でもグチの多い人がいます。夜に電話がかかってきて、長々とグチを聞かされては、誰でもうんざりするのではないでしょうか。

人生には、誰でも思うようにならないことはたくさんあります。グチを言う人は嫉《しっ》妬心《としん》が強く、何か不都合なことやうまくいかないことがあったとき、人のせいにしがちなように思います。

「この頃、私の仕事が減ってきたのは、ライバルのあの人が積極的に事務所に売り込むから……」とか「あの人はいつも、目立つ行動をして人目を引いている」なんて話を聞かされても、返す言葉に困ってしまいますよね。

グチを言いたくなったら「グチよグチよ、とんでいけ」などと、自分を面白く演出してください。グチを言うことは自分のためにならない、と思うことが大事です。

また、自分が悪口を言われたら嫌なはずなのに結構、人の悪口を言っている人は多いように思います。

私事で恐縮ですが、古希《こき》のお祝いをしていただいたときに、主催者が夫に私宛ての手紙を書くように依頼したところ、その中で夫が「妻は人の悪口を言ったことがないので、感心している」と書いてくれました。

たぶん、私は悪口を言う時間がないのだと思います。もともと人のことを悪くとらない性格もあるのですが、生きること、仕事のことで精いっぱいで、人のことをああだこうだと思う時間がないのです。

シドニーオリンピックのマラソンで金メダルをとった高橋尚子《たかはしなおこ》選手のことを、小出《こいで》義雄《よしお》監督（当時）が、

「人の悪口を言ったのを聞いたことがない。彼女のよいところは、素直だし、人を妬《ねた》まないし、悪口を言わない！　仲間が優勝したときは一緒になって心から喜ぶ」

と話していました。

人は、他人の悲しいことには同情できるのですが、人の幸せを心から喜ぶことは、なかなかできません。それができる人は、人間として心の豊かな人です。

◆「グチは言わない」と決める。

自覚のない「身内自慢」が、一番怖い

自慢話も「避けたい話題」です。困ったことに、自慢話は自分が話していると楽しいので、気がつかない人も多いように思います。

特に、自分自身の自慢でなく、家族の自慢だと、話しやすくなるのでしょうか。**身内の自慢話を大勢の人前でする人は、よくいるものです。**

たとえば、趣味のサークルの自己紹介のような場では、自分のことや趣味について話すのが普通です。それなのに、

「夫は、今アメリカのワシントンに単身赴任《ふにん》中です。息子は○○大学の4年生で、来《らい》春《しゅん》には□□会社に就職する予定で……」

などと、自分のことを話す場のはずなのに、得意げに身内の自慢話をするのは、い

かがなものでしょうか。場の空気が読めない証拠ですね。

また、人をほめることは基本的にはよいことなのですが、大勢の場では、誰かをほめることがその場にふさわしいかどうかも考えなくてはいけません。

たとえば、グループの中の一人だけを、過度にほめるのはやめたいことです。ほめられなかった人の気持ちになればわかることです。

ある人をほめることで、他の人にプレッシャーを感じさせてしまったり、不愉快な思いにさせてしまったりすることもあるものです。

たとえば、義理のお母様であるお姑《しゅうとめ》さんに、

「お母様、実家の母は料理がとても上手で、特に日本料理は玄人《くろうと》はだしなんですよ」

なんてお嫁さんが話したら、お姑さんはどのように感じるのでしょうか。お姑さんによっては、面白くない気持ちになる人もいると思います。

〝場の空気〟を読んで話す。

〝大人の余裕〟を感じさせるリアクション

人からほめられると、「とんでもないです」「そんなことないです！」と即座に返して、まったく喜んだ様子を見せてくれない人がいますね。

ほめられたときに、その人の人間性が出るのだと思います。普段、自分自身をどのように思っているのかが、ほめられたときにとっさに出るのではないでしょうか。

日本人が謙遜《けんそん》の精神を持っていること自体は、非常に美しいことです。驕《おご》ることなく、控えめでいようという姿勢は、美徳といえるでしょう。

けれど、ほめたほうとしては、やはりその相手が素直に喜んでくれる笑顔が見たいものです。その人のいいところを発見し、うれしそうにしてほしいから、わざわざ伝えるのです。

「そんなことない！」と強く否定するのは、ほめた人の期待に応《こた》えていない反応だと思います。

ですから、**まずはほめてくれた気持ちを「ありがとうございます！」と言って素直に受け取ってから、謙遜として「とんでもないことです」「恐縮です」「運がよかったのだと思います」と続ける**のはいかがでしょうか。

「ありがとう」にちょっと恥ずかしそうな気持ちも込めれば、図々しくなりません。

謙遜の心には、バランスというか塩梅《あんばい》が大事です。

というのは、**へりくだりすぎてもあまりよい感じを与えない**ということです。

たとえば、「あなたのおかげで、会がスムーズに進行できて助かりました」と言われたときに、「イイエ、私なんてお恥ずかしいです。他の人がしたらもっとよくできたと思います」という言い方と、

「ありがとうございます。私でよかったのかしらという思いがありますが、皆様のおかげで無事、会を進めることができて感謝しています」

と言える人では、どちらが好感を持ってもらえますか。後者ですよね。

相手からよい言葉をかけてもらったときは、「イイエ」でなく「ありがとう」の言葉を返すのです。それから自分の思いを伝え、プラス、もう一度感謝の言葉で締めくくります。この **〝感謝の言葉のサンドイッチ〟** がよいように思います。

自分に自信がないと、つい謙遜しすぎる人がいますが、ほめている相手の立場になって考えたとき、自分の気持ちを受け入れない嫌な人と思われてしまいます。まず、「ありがとう＋自分の思い＋感謝の言葉」を考える癖をつけていくことをおすすめします。

大切なのは、相手の言葉に、感情だけで即座に反応してしまわないこと。

この言葉に対して、どういうリアクションをすれば、相手に喜んでもらえるだろう？　期待や気持ちに応えることができるだろう？　と想像してみてください。

そこに向かって、言葉や態度を返せば、お互いにうれしくなれる気持ちのキャッチボールができます。

「自分の感情だけで反応しない」「相手の期待を想像する」「想像をふまえて、言葉や反応を返す」

こんなほんのちょっとの〝気づかい〟がとっさにできるようになると、その人の雰囲気に〝大人の余裕〟が漂ってくるようです。

人間が幸せになる方法は、感謝の気持ちをどれだけ持っているかだそうです。

謙虚な気持ちを持っている人は、常に前進できる人でもあると思います。自分はまだまだ……という想いが高みを目指して頑張れる人だと思います。

私はときおり、イチロー選手の言葉を思い出して勇気をもらっています。

「5打席5安打のときは、何も学ぶことがない。スランプのときに学ぶことがある」

私も日々、謙虚に、マナーの道をもっと究《きわ》めることができたらと思っています。

「感情」だけで反応しない。

同じことを言うのでも、〝伝え方〟が変われば……

混んでいる電車の中で座席に座っていた若者に対し、70代の男性に連れ添《そ》った人が、席を譲るように言ったところ、その若者が「頼んだときの口のきき方が気に入らないから、譲らない」と返したのを目撃したことがあります。

頼んだ男性は、70代の男性のために言ったのですが、残念ながら〝お願いする言葉づかい〟になっていなかったようです。

「席を譲ってほしい」と言う前に**「恐縮ですが」「申し訳ありませんが」「恐れ入りますが」「よろしければ」**などのクッション言葉を使っていたら、若者に断られなくてすんだかもしれませんね。

自分の気持ちを聞いてもらうためには、一方的な言い方でなく、相手を立てたより丁寧な表現がふさわしいと思います。また、そうした場面では、敬語が重要な技術になってきます。

元NHKの河路《かわじ》勝《まさる》アナウンサーによると、古代では、神や絶対者をほめたたえれば幸福が得られるという思想があって、そこから敬語のもとになる言葉が生まれてきたそうです。

神様だけでなく物事を頼むときには、自分にとって都合のよいことを叶《かな》えてもらうのですから、言葉も行き届いたものになるのは当然とありました。

本当ですね。神仏にお願いをするときには「よう！　神様、聞いてくれよ」なんて言っても聞き届けてはもらえませんね。ましてや生身の人間に乱暴な言葉で言っても聞く耳を持つわけがありません。

何か教えてもらいたいことがあるとき、何かお願い事があるとき、どのようにしているでしょうか。

「恐れ入ります。お願いしたいことがあるのですが、お聞きいただけますでしょ

うか？」

と相手を崇《あが》めて（敬《うやま》って）言えば少しは聞く耳を持ってくれるかもしれませんね。

目上の方には（クッション言葉＋依頼形）でお話ししたら、たいていはうまくいくように思います。

クッション言葉は〝気くばり言葉〟ともいわれています。

クッション言葉を使うことで、会話の印象がやわらかくなります。特に、会話の初めに相手に配慮した一言が入ると、相手に与える印象は、格段によくなります。

たくさんのクッション言葉を覚えて、その場にふさわしい表現ができるようにするとコミュニケーション力が上がります。ぜひ、使ってみてください。

- **恐れ入りますが、こちらにご記入をお願いします。**
- **恐縮ですが、こちらまでお越しいただけますか。**
- **よろしければ金曜日でお願いできますか。**
- **ご足労《そくろう》をおかけしますが、こちらまでお持ちいただけますか。**

- お差《さ》し支《つか》えなければ、ご住所もお書きくださいますか。
- 勝手を申しますが、その日は臨時休業とさせていただいております。
- お手数をおかけしますが、速達でお送りいただけますか。
- お急ぎのところ申し訳ありませんが、もう少しお待ちいただけますか。
- お疲れのところ、お時間をいただいて申し訳ありません。
- ご面倒をおかけしますが、もう一度お越し願えませんでしょうか。
- 誠に申し訳ありませんが、その日は、工事の予約が入っております。
- あいにく2日は、休みをとっております。別の日でご都合のよい日はございますか？

◆〝クッション言葉〟を忘れずに。

クッション言葉は“気くばり言葉”

お願いするとき

＊恐れ入りますが	＊恐縮ですが
＊お差し支えなければ	＊勝手申しますが
＊ご面倒でなければ	＊よろしければ
＊ご都合がよろしければ	＊お急ぎのところを
＊ご足労をおかけしますが	＊お疲れのところを
＊ご面倒をおかけしますが	
＊お時間がありましたら	
＊誠に申し訳ありませんが	
＊お手数をおかけいたしますが	
＊ご迷惑をおかけいたしますが	

尋ねるとき

＊お差し支えなければ
＊お尋ねしたいことがあるのですが
＊伺いたいことがあるのですが

断るとき、詫びるとき

＊申し訳ありませんが	＊せっかくですが
＊大変残念ですが	＊あいにくですが

うれしいほめ言葉、空まわりするほめ言葉

自分が密《ひそ》かに自慢に思っていることを、人からほめられるとうれしいものです。

たとえば、髪の手入れを怠《おこた》らない人が「ツヤツヤで綺麗な髪ですね」とか、肌の手入れを怠らない人が「美しいお肌ですね。何か特別なことをされているんですか？」と言われたら、日頃の努力も認められたように感じることでしょう。

日頃からその人の言動を見ていれば、その人がこだわっているところに意外と簡単に気づけるものですし、そこをほめられたほうはとてもうれしいのです。

私は人間が大好きなので、初対面の人にもすぐに惚《ほ》れ込む癖があります。心から「素敵！」と思ったらすぐに言葉にしてしまうので、自分ではほめているとは思わな

いのですが、口から出た言葉が、相手にとっては、もうほめ言葉になっているようです。

先日も、ある看護専門学校に打ち合わせに行って、校内を案内されたときに、玄関から真っ白な服装で髪を少しゴールドに染めた校長先生が入っていらしたのです。光を後ろに浴びながら入っていらしたのがとても素敵で、女優さんのように感じてしまったので、そのことを隠さず申し上げてしまいました。

すると、校長先生は、はにかんだ笑顔で「ありがとうございます」と返してくださいました。

お世辞ととられようが、心に思ったよいことは、素直に言ってよいと思っています。こちらが本当に思ったのですから。

ただし、媚《こ》びるのはよくありませんね。「この人に好かれよう」「この人にうまく取り入ろう」という思いから何か言われると、不思議とその心が伝わってきます。真実は伝わるものだと思います。

難しいのは、こちらと相手の価値観が違う場合です。

知人のご主人が素敵な方なので「俳優の○○さんに似た、素敵なご主人ね」と言ったら、「そういうのはやめてほしい」と言われたことがあります。

私としては、自分だったら言われて嫌なことではなかったので謙遜しているのかと思っていましたら、人づてに「岩下さんが、主人のことを誰々に似ていると言うの、本当にやめてほしい」と言っていたと聞いて、本当に嫌だったのだと大反省しました。

私の悪い癖は、自分がよいと思ったら相手に嫌だと言われても謙遜しているのね！と勝手に判断してしまうところです。

それからは、ほめるときでも、相手が嫌と言っていることは尊重しなければと思うようになりました。相手が嫌だと思うことをしないことがマナーなのですが、ほめることに関しても、同じなのですね。

◆相手の〝密かなこだわり〟を見つける。

たたずまいが優しげな人の〝立ち居振る舞い〟

人を落ち着かない気分にさせるしぐさの筆頭は「貧乏ゆすり」でしょうか。

それから、話している最中に手を顔に持ってくるしぐさです。鼻の下を触《さわ》ったり、髪の毛を触ったりするしぐさも気になります。

それから、話している相手の視線も気になります。キョロキョロと目を動かす人も落ち着きがなく、今向かい合っている自分よりまわりに興味がありそうで、心穏やかではなくなります。

先人たちは、

「人と話しているときは、『相手の額《ひたい》の通り、肩の通り、肩幅を四角く結んだところ』から目線がずれると、話を聞いていないようにとられるから、気をつけなさ

い」

といっています。

話しているときに、チョコッと舌を出す癖のある人もいます。そのしぐさが気になって話に集中できなくて困ったこともあります。

「なくて七癖《ななくせ》」または「あって七癖」といわれていますが、人は自分の癖には気がついていないものです。次にあげるしぐさは、人に不快感を与えるものですが、その他にもあるかもしれません。

自分のことを知る意味では、家族や親しい友人に「自分では気づいていないけれども、私に変な癖や気になるしぐさはないですか」とそれとなく聞いてみるのもよいですね。

①貧乏ゆすり
②髪の毛を触る
③会話中に相手の体をたたく

④体から発する音（ブーやげっぷなど）
⑤会話中や食事中に自分の顔に手を持っていく
⑥腕組み
⑦爪を噛む
⑧口を開けたままでいる
⑨テーブルに肘《ひじ》をつく
⑩人を指差《ゆびさ》す

それから、立ち姿にも気をつかってほしいと思います。テレビを見ていても、何気なく突《つ》っ立っているキャスターの姿に、がっかりすることがあります。

女性の立ち姿は、かかとからつま先まで、きちんとつけて立つのがエレガントです。両足を開いて立っている姿は美しく見えません。

反対に、気取って立っている姿も好感が持てません。

モデル立ちというのでしょうか、片足を少し後ろに引いて立つ姿です。写真を撮るときにはよいでしょうが、自然さが感じられず、見ていて疲れる立ち姿ではないかと私には感じられるのですが、皆様はいかがですか。

過不足ない自然な立ち居振る舞いって、なかなか難しいと思います。

近頃、私は年のせいか膝も曲《ま》がり、姿勢も伸びていない自分が気になり出しました。おへそを立てるようにして背筋をまっすぐに伸ばすことを、これからも心がけようと思います。

◆〝違和感〟を感じさせないしぐさと姿勢を。

column ◆ 「お疲れさま」は、どこまで使っていい？

近年は、セキュリティーの問題で、入館証を受付で受け取って訪問先の部署を訪《たず》ねることが多くなっています。帰りに受付で入館証をお返しするのですが、「お疲れさまでございました」と言われることが間々《まま》あります。

「お疲れさま」は社内では使いますが、他社の方にはいかがなものでしょうか？「ご苦労さま」は、労《ろう》をねぎらう言葉なので、ビジネスの世界では、目上の方やお客様には使えないことはもうご存じだと思います。同じ労をねぎらう言葉でも「お疲れさま」は、社内では目上の方にも使ってよいということになっています。

社内で使われる「お疲れさま」は、テレビ局から始まった言葉と聞いています。ひとつの番組が終わったとき、皆で「お疲れさま」と労をねぎらったとか……。

確かに「お疲れさま」は、社内では、上下の関係なく使っています。だからと

言ってお客様にまで使うのはおかしいように思えます。

そういえば、お客様に対して使っている業界もあります。美容院やブティックなど店員の方が「お疲れさま」を連発しています。大きな企業の受付の方が使うようになったのは、その影響でしょうか。

「お疲れさま」にも相手の労をねぎらう気持ちが入っています。お帰りになるお客様には不適切な表現だと思います。

同じような企業が世の中にはたくさんある中で「私どもにお越しくださいまして有り難く存じます」という気持ちを込めて、感謝の笑顔で**「ありがとうございました。気をつけてお帰りください」**と言うのがふさわしいと思います。

3章

「あの人といると、なぜか落ち着く」

——と思われる秘密

「待ち合わせ」ひとつの思いやり

待ち合わせの場所は、よく考えなければいけませんね。

たとえば、私が代表をつとめているNPOの事務所に初めて人をお呼びするときは、ちょっとわかりづらい場所にあるので気をつかいます。

冬の寒いときには、地上より地下のほうが暖かいと思って、地下鉄駅の構内で待ち合わせするようにしています。

渋谷のお気に入りのレストランにランチに行くときも、近くの大きな郵便局で待ち合わせするようにします。

駅前ではなく郵便局で待ち合わせるほうが、少し早く着いたとしても郵便局の建物の中に入って待っていただけるからです。

暑いとき、寒いときの待ち合わせの場所には、本当に気をつかいます。

そういう意味では、カフェで待ち合わせするのが一番よいのですが、その後でお食事に行くことが決まっている場合は、「お茶を前に」というわけにはいきませんから、気候や天候に合わせて待ち合わせ場所を考えることは大事ですね。

あるいは、すぐにお食事をするのならレストランで直接待ち合わせて、早く着いたほうが席に座っているというのが一番かもしれません。

本好きの友達でしたら本屋さんもよいですね。携帯という有り難いものがあるので、お互いに本の谷間にいても連絡できます。

携帯がなかった時代には、待つほうも待たせるほうも気が気でなく、イライラしたものです。でも遅れそうになったときにすぐに連絡できるからといって、時間にルーズになってもいいのでしょうか。

私たちの一生は、80歳すぎまで生きたとしても3万日ほどしかありません。たった3万日です。〝時間泥棒〟という言葉があるように、相手を待たせることは、相手の時間を盗むことになります。

時間は命です。待たせるということは相手の命を削《けず》ることになるのです。

それでも遅れるときには、早めに連絡します。もし待ち合わせ場所が寒かったり暑かったりする場所だったら、近くのカフェなどに入っていてもらって、駅に着いたら改めて連絡するのがよいと思います。

とにかく、連絡せず相手を不安な気持ちのまま待たせるのが一番よくありません。

相手が目上の方の場合は、お待たせしないように早めに行く配慮もいります。遅れた場合、しっかりお詫《わ》びすることも忘れないように。友達だと「なあなあ」になりやすいですが、親しき仲にも礼儀ありです。誠意を持ってお詫びしましょう。

遅れずに着いた場合も、相手が先に待ち合わせ場所に来ていたなら、**「お待たせしました」**を忘れずに言えるとよいですね。

それを受けて、**たとえ10分待っていたとしても「私も、今きたばかりです」と、相手に負担をかけない言い方ができる人は、〝心美人〟だと思います。**

◆〝快適な待ち合わせ場所〟を考える。

「一緒にいるときの携帯電話」、どうしていますか

「ひんぱんに携帯を見ないと不安」という人が増えているとか。メールやＬＩＮＥがきたらすぐにチェックしないと、気が気でないという人も多いようです。

街中のカフェでデート中のカップルの、彼と彼女のどちらかあるいは両方が、携帯をいじりながら話している様子を見かけることもよくあります。あれは、私にはとてもふしぎな光景のように感じられます。

携帯の画面を見ながら話されると、自分は「ついで」扱いされているという印象を受けないでしょうか。

携帯のために心穏やかになれないなんて、つまらないと思いませんか。

一緒に食事をしているときやお茶をしているときに、テーブルの上に携帯を出され

ると、やはり、あまりよい気持ちがしません。軽く扱われている感じがします。

ビジネスシーンでは、お客様との応対中でも、携帯をテーブルの上に出しておく人も増えていると聞きますが、時代の変化なのでしょうか。

それでもプライベートでは、自分に気持ちを集中してくれているように思えないので、携帯はバッグの中に入れておきましょう。

自分が相手と楽しく話しているのに、その途中で急に携帯電話に出られるのも、話を中断されるので、誰だって少し不快に思うのではないでしょうか。気持ちよく話しているときに知らない人が急に入ってきて、話の腰を折られるのと同じことです。

ただし、緊急の連絡があることが事前にわかっている場合には、先手必勝です。

初めに**「申し訳ありません。緊急の連絡がありますので、そのときはお許しください」**と断っておけば問題ありません。

いずれにしても、携帯画面の向こう側より、今目の前にいる相手を優先する気持ちを、忘れずに。

◆画面よりも、相手の顔を見る。

ときには、「見なかったふり」「気づかなかったふり」

こんなとき、どうしますか。銀座を歩いていると、向こうから友人が歩いてきました。普通は、あいさつをしますね。

ただ、もし友人があなたの知らないボーイフレンドと一緒だったら……。

ちょっと待ってください。友人の顔を見てください。雰囲気を感じてください。**あなたを避けたような感じ、話したくなさそうな感じでしたら、気がつかなかったふりをしたほうがよいでしょう。**

もちろん、相手がニコニコして近づいてきたらあいさつしましょう。ただし、友人から紹介されない場合は、自分からそのボーイフレンドに自己紹介しないようにするのは知っていますね。

相手の立場や気持ちになって考えたら、どうしたらよいか答えが出てくると思います。

職場のトイレで泣いている声が聞こえました。ドアをたたいて「どうしたの、大丈夫？」と聞くよりも、見て見ぬふりをしたほうがいい場合があるように思います。

見て見ぬふりをしてほしくないときもあります。

東京駅のホームで、中年の女性が荷物を下に置いて電車を待っていました。すると、そこを通った男性が、その女性の荷物につまずいて転んでしまいました。

そうしたら、その男性が、女性のことを蹴《け》り出したのです。私は、「大変なことになっている」と思ったのは覚えているのですが、気がついたときには、その男性と女性の間に入って蹴られていました。

まわりに男性が何人かいたのですが、見て見ぬふりをしていました。

今までの人生の中で、遅く帰宅して父親に1回ぶたれたことはありますが、そのときは見知らぬ人に蹴られたことが悔《くや》しくて涙が出ました。

いまだに、なぜ自分がその行動をとったかわかりません。人間は、知らない人でも危ないと思ったとき、損得を考えずに行動に出るのか……と自分に驚かされた経験です。

親しい編集者の方から聞いた話ですが、赤ちゃんが電車の中で泣いていて、サラリーマンの男性が「うるさいな、静かにしろよ」と怒鳴ったそうです。

それを聞いた男子高校生が、

「赤ちゃんは泣くものでしょう。あなたのほうがうるさいですよ」

とたしなめたそうです。男子高校生のひと言で皆、ほっとしたと思います。

私だったら、どうしたかな？　恥ずかしいことですが、もしかしたら、見て見ぬふりをしたかもしれません。

◆〝求められている対応〟をする。

心も一緒に届けてくれた「ずーっとうれしいプレゼント」

プレゼントはどれも私にとって忘れられないものです。なぜってプレゼントは、その人の心の贈り物だからです。

という私にも、たくさん失敗談があります。

若い友人が私に卓上の電波時計をプレゼントしてくれたのです。小さいのでとっても便利で、よく使っていました。

それなのに、同じような小さな電波時計を、ある会社の研修で伺ったときに、景品としていただいていたのでそれと勘違いして、贈ってくださった若い友人が家に来たとき「景品でもらった時計なの」と言って傷つけてしまったことがあります。

それ以来、いただいた物には、贈ってくださった方の名前を書くようにしました。

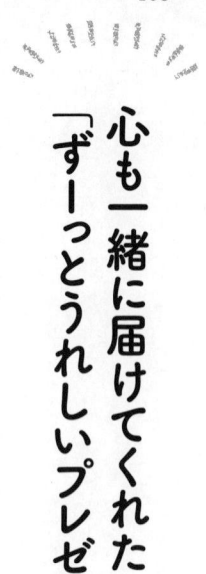

お金をいくらもらったかは忘れがちですが、プレゼントを物でもらうと、その品物を見るたびに、贈ってくれた人の顔を思い出します。

私は結婚して50年の金婚式をすぎましたが、結婚するときに、小学校時代の同級生の男性が、カレー用の食器セットをお祝いに持ってきてくれました。その食器を使うたびに、その同級生の顔を思い出すからふしぎです。

本当に使える物をいただくと、ずっとこんなふうに贈ってくれた人のことを思い出すのだと、勉強になりました。

私よりひと回り年下の男性で、いつも面白いものを贈ってくれる友人がいます。彼は仕事で街に出るとき、少し早めに行ってウインドウショッピングをして、気に入った物があると誰が喜びそうか、いろいろ考えるそうです。**喜んでもらえそうな人がいたらすぐ買い求めて、お誕生日のときに贈るのだ**と教えてもらいました。

確かに、お誕生日の2〜3日前にデパートを走り回っても、なかなか納得のいく物が見つからないものです。それを聞いてから、私も誰かに喜んでもらえそうな物を見つけたときは、その場で買うようにしています。

ただ、包んでもらった中身がなんだったかをどこかに書いておかないと、忘れてしまうことがあります。本当におっちょこちょいの私です。

プレゼントをするほうとされるほう、どちらがうれしいかというとプレゼントをするほうではないでしょうか。このことは、息子から教えてもらいました。

息子が幼稚園のとき、100円玉を握りしめて、よく遊んでくれるおじさん（私の弟）の誕生日プレゼントを買いに、デパートに出かけました。今から43年前ですが、100円で買えるものはなかなかありませんでした。ようやく見つけたのが使い捨てライターです。

店員さんに誕生日プレゼントだと言うと、素敵にラッピングしてくれました。それを息子が大事そうに抱きながら**「お母さん、人からプレゼントをもらうのはとてもうれしいことだと思ったけれど、人にプレゼントをするのはもっとうれしいことだね」**と言ったのです。人間の真心を教えてもらったように思いました。

◆普段から〝プレゼントしたい物〟を探しておく。

断りづらいからと“あいまい”にするのは困りもの

お誘いを受け、上手に断るコツは、誘われたら間を置かずすぐに「あっ、残念！」「ごめんなさい！」と返事をすることです。そして、「残念だけど予定が入っているの」と続ければよいのです。

「考えておくわね！」などと言って時間を置くと、断りにくくなります。

最近は、複数人での集まりのお誘いに「行けたら行く！」とあいまいな返事をする人も多いようですが、これはいかがなものでしょうか？

「行けたら行く！」と言っていて、本当に来た人はほとんどいない、と友人がこぼしていました。断りづらくてそう言っているのなら、最初からハッキリ断ってしまったほうが、お互いにモヤモヤしなくてよいのではないでしょうか。幹事は、早めに参加人数を把握したいものですから、そういうところもおもんぱかれるとよいですね。

また、今回は行けなくても、次回は行きたいと思うのなら「また、声をかけてね」と言っても構《かま》いませんが、行く気がないのであれば、よけいなことは言わないほうがよいのです。

いずれにしても最後に**「せっかく誘ってくださったのに申し訳ないわね、よい会になりますように」**などと相手のハッピーを祈る言葉を伝えれば、角《かど》は立ちません。

無理しても行ったほうが……と思う人もいるかもしれませんが、相手の立場に立てば、無理して来てもらってもうれしくないと思います。


また、広い世の中にはいろいろな勧誘がありますが、基本的には**「身内が同じようなことをしているので、そこから買わなければいけないのでごめんなさい」**と言えばよいのです。すると角も立たず、それ以上すすめられません。ウソも方便です。

たとえば、知り合いから化粧品の購入をすすめられたら、

「せっかくお声をかけていただいたのですが、親戚が○○化粧品会社にいて、そ

この物を使わないといけないので……」

などと言います。

ご縁が多くなってくると、「○○の宗教に入らない？」と誘われることもたまにありますが、やはりそういうときも、

「ありがとうございます。母に仏縁がありまして、私もそれを守りたいものですから」「両親の遺言で、今の宗教を守るようにきつくいわれているので、申し訳ないです」

とお断りすると、それ以上すすめられることはありませんでした。

不動産の購入なども、電話で勧誘されることがありますね。

そのようなときに、「不動産に興味がないので」などと断ることはNGです。興味がない人に興味を持ってもらうのが営業の仕事です。それなら興味を持ってもらえるようにお話ししましょう、というスイッチをオンにしてしまいます。

そういうときは、**スパッと「お金がありません」と言うのが一番よい**ようです。

とにかく、断るときにはスパッと断ることです。無理をしないことです。無理は長続きしません。身の丈にあったおつきあいの仕方を考えることが、人と長くつきあえるコツだと思います。私もあなたも大切にするのが、マナーの基本です。

何かを頼まれたとき、誘われたとき、つい断りづらくて、返事を先延ばしにするのは配慮のないことです。

「考えておく」「なんとかする」と言ったものの、実はなんともならなかったり、答えはすでに出ていたりする場合がほとんどです。

さんざん待たせてから断るほうが、相手に不快感を与えます。その場で断るほうが、誠意ある結果になることが多いと思います。

◆ すぐに・角を立てずに断る。

〝その後のフォロー〟が関係をやわらげる

自分の非を認め、謝るには勇気がいります。人間性を問われる場面です。そんなときは、次の言葉を思い出してください。

「逃げない・待たせない・ごまかさない」です。

「ごめんなさい」と言うのは、かなり勇気がいることです。素直な人は少しの勇気で謝ることができますが、「なぜ私がこんな目にあわなければならないの」と他人事のように自分の失敗を考える人は、なかなか謝ることができないように思います。

自分にとって嫌なことからは、逃げたがるのが人の心です。だからこそ逃げてはダメなのです。嫌なことは、逃げると、犬と同じで追いかけてきます。嫌なことこそ勇気を出して早く片づけたほうがよいのです。そうでないとそのことがひっかかって、心が安らかでなくなります。誰も自分の心を守ってくれません。自分で自分の心を守ってあげなくては！

たとえば、近所の人から騒音《そうおん》の苦情があったときは、まずは「不愉快な思いをさせて申し訳ありませんでした。今後は気をつけます」と素直に謝るのが大事です。そのうえで、今後はどうしたら相手を安心させられるかを考えます。

たとえば、ホームパーティーで友達が大勢来てうるさかったのであれば、次回は、**「今日、また来客の数が多いのですが、気をつけます。うるさいようでしたらおっしゃってくださいね」**などと伝えます。

気にする人には、先手必勝です。騒音の正体がわからないと人は不安に思いますが、今日はお客が多いのだと事前にわかっていたら少しは安心できます。

お友達からもらったものでおいしいものがあったら、後日、それを持っていって「これ、おすそ分けです。友人が持ってきてくれて、おいしかったので、持ってきました。ところでうるさくなかったですか」と聞いてもよいでしょう。

楽器の練習の音がうるさいと言われたら**「何時まででしたら、よろしいですか」**

と相談するようにします。どうしたらよいか相談されれば、嫌な感じはしないものです。

また、次に会ってあいさつするとき、**「大丈夫だったでしょうか？」**などとこちらが気にしていたことを伝えるのもよいです。

どちらにしても、こうした**〝謝った後のフォロー〟を忘れないことで、相手が受ける印象は、まったく変わるのです。**

「謝った後」が肝心。

「あなたを気にかけていますよ」という優しいメッセージ

落ち込んでいる友人に、声をかけたいときがあります。

ただし、声のかけ方は、難しいですね。


私が息子を亡くしたとき、まわりの人が心配して声をかけてくれましたが、その言葉がどうしても心まで届きません。**「悲しみ事は怒りに変わる」**という言葉があるように、人からの慰《なぐさ》めの言葉に、かえって傷ついたこともありました。

そっとしておいてほしいというのが本音でした。人間は、経験しないとわからないことがたくさんありますね。

そんな中、知人たちが私のことを心配して、レストランに招待してくれました。お店に入っていったとき、40年来おつきあいのあるオーナーが、無言でハグしてくれました。**一言も言葉を発しませんでしたが、私にとっては何より有り難いメッセージでした。**

そういえば弟が妻を亡くしたとき、娘と二人で、弔問《ちょうもん》に行ったのです。娘は、玄関に出てきたいとこ（弟の娘）の顔を見ると、「〇〇ちゃん」と名前を呼んでハグし、一緒に泣いていました。我が娘ながらすごい！　と思ったものです。

私は、「何か言わなければ」と考えるばかりで、弟家族の気持ちになれていなかったと、反省もしました。

人間にとって一番つらい、愛する人との別れのときを例にとってお話ししました。

普段の生活の中では、どうでしょう。

「あなたのことを気にしています。関心を持っています」というメッセージを、さりげなく伝えられればよいですね。

前にも書きましたが、「愛」の反対は、「憎しみ」でなく「無関心」です。「あなたに関心を持っていますよ。気にかけていますよ」ということが伝わってくるだけで、人の気持ちは癒されるものです。

私の若い友人は、**落ち込んでいたときに友だちが家まで来て、外に連れ出してパフェをご馳走《ちそう》してくれたことがうれしかった**と話していました。

いくら相手のことを心配していても、それを言葉や行動に出さなければ相手にはわかりません。行動で示すことは、大事なことですね。

そうすぐに会いにいけない相手には、昔でしたら手紙や葉書を出しましたが、今はメールがあります。**「ご飯食べられている？」**のひと言でよいのではないでしょうか。

それでも無反応でしたら、そのときは我慢しましょう。まだ、誰かと話すだけの余裕がないのかもしれません。あるいは、「ごめん！　ちょっと気になったのでメールしました。あなたのことが気になって……」と送ってみるのも一つかなと思います。

慰める言葉のマニュアルはありません。その友達のことをよく知っているのは、あなたです。真剣に向かい合って、誠意を持って思いやり、気持ちを汲《く》むことが大事だと思います。

そうすることで、「あなたにしかできない言葉がけ」ができるのではないでしょうか。

うまく言葉をかけられなかったとしても、嘆《なげ》くことはありません。相手の気持ちに添わなかったら素直に謝ればよいのです。

相手のために、ただただ祈ることも一つの方法です。

私は、心配な状況、つらい状況に置かれている友人がいたら、毎朝お経《きょう》をあげるときに、私の息子や両親やご先祖様に「お守りください」とお願いをしています。

◆ **さりげなく寄り添う。**

祝い事・悲しみ事……気持ちに寄り添うなら

お祝い事は前もってわかることですから、早めにお祝いの品を贈り、お祝いの気持ちを伝えます。

結婚式の招待状は、2カ月前には届きます。近頃は、式当日にお祝いをお持ちする方が多いのですが、昔はそれはマナー違反でした。結婚式は前もってわかっていることですから、遅くても式の1週間前までに、お祝いを自宅まで持参したのです。

当日、お祝いを持っていくのは、忙しくて事前に行く時間がなかった人や、遠いところに住んでいるのでお持ちできなかったという人だったのです。

若い人の中には、結婚式当日にご祝儀《しゅうぎ》を持っていかないと式場の受付を通れない、関所《せきしょ》の通行証のように思っている人もいるようです。

若い方は、お祝い事をお葬式と同じように考えているのではないでしょうか。お葬式は、ある日突然起こることですから、お葬式当日に香典《こうでん》を持参するのです。

昔と今で、常識が違ってきています。贈り物にもメリハリがなくなってきています。

先人たちは、「祝い事（喜び事）は、前もってわかっていることだから早めに。悲しみ事は、当日か遅めに」といいました。

反対に、あまりに早く香典を持っていったり（法事は違います）、人が亡くなったと知ってすぐに電報を打つのは、心無いことだからNGだということを、もう一度考えていただきたいと思います。

愛する人が亡くなったとき、家族はその現実を認めたくないのです。ウソであってほしいのにと願っているのです。そんなときに、はやばやと弔電《ちょうでん》が届いたり、喪服《もふく》を着た人が来たら、どう感じるでしょうか。先人たちは、思いやりの心で「悲しみ事は遅めに」と教えてくれているのだと思います。

お祝いは一般的には早めがよいのですが、新築祝いなどは、招待されたその日にお金でお祝いとして贈ることもあります。品物を贈る場合は、招待された当日にお家を見てから、その家に合った品物を考えます。新築祝いとしてタブーなのは、火事を連想させるストーブや灰皿、赤い色の物などです。

それから、結婚祝いや新築祝いなら、使い勝手のよい台所用品も喜ばれます。

迷ったときは、本人に聞いてもよいのです。ただ、ぼんやりと「何がよいですか」では、相手は金額のこともあるので答えづらいと思います。

「○○製のフライパンと◆◆製のお鍋と□□製のミキサーでは、どれがよいですか」などと具体的に尋ねてあげると答えやすいでしょう。

会費制のお祝いの会は、参加することがお祝いなので、別に贈り物をする必要はありません。ある新聞社の女性が、東京の帝国ホテルで結婚式をするとき、「出席してもらうだけで有り難いのに、ご祝儀の心配を招待客にさせたくない」という配慮で、1万円の会費制の披露宴をした人がいます。もちろん、お料理もおいしかったです。若いのに思いやりのある方、と感心しました。

◆祝い事は早めに、悲しみ事は遅めに。

「早く元気になってね」の上手な伝え方

若いときは、知人が入院したと聞くと「すぐにお見舞いに行かなくては」と考えて行動していましたが、思いやりがあるようでない行動だったと気がつきました。

まずは相手がどのような状態か、おもんぱかることが大事です。

お見舞いで気をつけること五つ。

まず、**手術直後はお見舞いには行かないこと**。何か言葉を届けたいと思ったら、メールか手紙やカードがよいと思います。

手紙やカードを送る場合、宛名には、病院の名前と部屋番号を書いた後、「気付《きづけ》」と書いてください。「気付」は、書簡を直接相手の家に送るのでなく、その人の立ち寄り先などに宛てて送るときに使います。

なかなかお見舞いに行けないとき、または「心にかけています、応援しています」という気持ちを贈りたいときには、葉書を10枚ほど買って、たびたび書き送ります。お昼休みとか電車の待ち時間に書くことができます。

たとえば、「今日は、綺麗な青空ですね。病院の窓から○○ちゃんも見ているでしょうか。名前はわからないけど、黄色の可愛い花をびっしりつけた小さな樹に出合いました。爽《さわ》やかで可愛く○○ちゃんのイメージです。写真を撮ったので、今度お会いするときにお見せします」などというものでよいのではないでしょうか。

こうした手紙では、**返事を期待するようなことを書くのは避けます。**

手紙のよいところは、受け取った人が何度も読み返せるので、いつでも感動や勇気や元気をもらえることですね。家の中を整理していたら、昔、友人や家族からもらった手紙が出てきて、読み返したら感動したという経験は、皆さんもおありではないでしょうか。字の上手下手は関係ありません。丁寧に書けばよいのです。

二つ目が、面会時間を守ることです。

そして面会時間は長くても20分ぐらいにしましょう。

三つ目が、服装と靴です。友人のお父様が入院していて、お医者様に「長くはないでしょう」と言われていたとき、友人が病院のエレベーターを待っていたら扉が開いて、喪服を着た夫婦が降りてきたので、ドキッとしたと話していました。お葬式の帰りに病院に用事があったのかもしれませんが、喪服の場合は、何か羽織《はお》ることが大切と気づかされました。

靴はできるだけ足音のしない靴をはきます。廊下を歩くコツコツという靴の音は、長い時間寝ている病人には気になる音です。

四つ目が、お見舞いに何を持っていくかです。

昔は、鉢植えは病人が「根《ね》（寝）つく」のでいけないといわれていました。今は、アレルギーの問題もあり、花そのものがNGという病院もあります。花OKの病院でも、ユリなどの香りの強い花は避けましょう。

お見舞いで一番よいのはお金かなと思います。 物入りですから助かると思います。

目上の人に現金を贈るのは、経済的にお困りでしょう……という意味を感じさせNG

といわれていますが、病気見舞いだけはOKと昔からいわれています。

市販の「御見舞」と書かれた赤白の結び切りの水引に、熨斗《のし》なしのものを使用します。**昔は目上の方には「御見舞」でなく「御伺《おうかがい》」と書きました。**見舞うほうが優位に立つので、謙譲語の表書きにしたようです。

五つ目が、お見舞いに行ったときの話題です。

励まそうという気持ちが空回りしがちです。見舞ったときに相手の顔色など、見たままの印象を口にするのも、また気をつかったつもりで「元気そうだ」などと言うのも避けるべきです。

たとえば、会った瞬間に「少しやせた！」と言ったり、体調があまりよくないようなのに「元気そうだね」と声をかけたりするのはいけません。病気で入院されている人は、こうした言葉に敏感に反応してしまいます。

まだ本人の体調が回復していないときに、「体調はどう？」など答えづらい質問は避けます。病室に入っていったら、「おはようございます」とか「こんにちは」など笑顔で元気にあいさつしましょう！

お見舞いに行ったときには、基本的に相手の話を聞くことに徹《てっ》しましょう。

本人が体調や将来について悩んでいる場合は、ひたすら相手の話を聞いて、ときどき相手の言った言葉をオウム返しのように復唱することです。

「手術跡が痛かった！」と言われたら「痛かったね」と相手の言葉を復唱します。それだけで、本人は自分の話を聞いてわかってくれたと安心します。そのうえで、自分が力になりたいという気持ちを伝えます。

そして、「また、ハイキングに行こうね！」とか「あのお店に行こうね」など退院後につながる明るい話題を選びましょう。

仕事のことを心配しているときには「職場のほうは心配しなくて大丈夫ですよ」なんて言ってはいけません。

「○○さんのようにはできませんが、皆で頑張っています」と、職場にあなたの力が必要だということを伝えます。そして「皆が退院を待っています。早く元気になってほしい」という気持ちが伝えられたらよいですね。

◆「元気なあなたを待っているよ」と伝える。

喜ばれるおみやげ、ちょっとイマイチなおみやげ

ホームパーティーなどに呼ばれた場合は、相手の好みを考えておみやげを持って行きます。うれしいおみやげは、やっぱり好きな食べ物をいただくこと！

そのためにも、相手の好みをしっかりリサーチしておくことです。

たとえば、おせんべいが好きな人といっても、固焼きが好きか、薄焼きが好きか。甘いのが好きだといっても、洋菓子と和菓子とどちらがより好みか。あんこが好きでも、粒あんとこしあんなど〝好み〟があります。

ですから、普段の会話の中から、相手の好みをリサーチしないと、喜んでもらえるものは贈れないのです。私は果肉《かにく》が入ったゼリーが好きなのですが、世の中にはゼリーが苦手という人もいるということを知って、ビックリでした。

もし好みがわからなかったら、万人から好かれるカステラ、季節の果物《くだもの》かお花がよいかもしれません。

ご自身の出身地の名産品もおすすめです。それをきっかけに、お話もはずみます。食べたことがない物をもらうのもうれしいものです。

お花などは、前もって贈ると、相手の家の準備の助けになります。相手の家にお花を前日までに届ける旨を伝えておくと喜ばれます。

私の引き出しは、いただいておいしかったお菓子や名産の栞《しおり》で一杯になっています。過日も、長野県の松本の菓子店のお菓子をいただきました。とてもおいしいので、ネットで調べてみると取り寄せもできないお菓子とわかって、また食べたいと恋しくなりました。

今はわりと取り寄せができるものが多いので、取り寄せできないと、味がよけいに心に残るように思います。

そのお菓子をくださったのは、ある会社の若い支店長なのですが、毎回、いろいろなおいしいものを吟味《ぎんみ》してくださるので、「今度はどんなお菓子かな?」と密かに期待している私がいます。私も彼を見習って、アンテナを高くしていようと思います。

一方、イマイチなおみやげや贈り物は、どのようなものでしょうか。

迷惑になるのは当日の花束です。　花瓶《かびん》の用意がすぐにできないと、迎える側はあわててしまいます。

また、**訪問する家の近くの店では買わない**、というのは鉄則ですね。「あそこのお店で買ってきたんだ」「いくらぐらいで買えるな」と相手にすぐにわかってしまいます。それにいかにも「ここに来るついでに、とりあえず急いで買ってきました！」という感じになってしまいます。

また、今は、**どこの駅でも売っているような物もNGだと**思います。あなたのために時間をかけて選んだ、心を込めて選んだ、ということが伝わらないからです。

大手のお菓子屋さんよりも、**「そこに行かないと買えない」という物を贈ること**も大事だと思います。

お料理上手な人は、手づくりの物を持っていきたくなりますが、よほど親しい集まりでない限り、避けたほうが無難です。なぜなら、そのお料理に皆の話題が移り、ホストのお料理がかすんでしまうからです。

近頃、若い方は、おみやげを「相手と一緒に自分も食べるために持っていく」という人がいますが、おみやげはあくまでも、相手に喜んでもらうためにお持ちするものです。

もしも**一緒に食べるという前提で持っていくなら、「相手のご家族の人数分＋2個（自分と相手のため）」**です。夜にご家族と一緒に食べられるぶんまで用意します。

おみやげをいただいた側は、お客様がお持ちになったものを出すのは失礼なことなので、それを出す場合は「お持たせで失礼ですが……」と言って出すのです。

ただし、訪問を受けた側がショートケーキを用意しておいたとします。

そのときに、お客様もおみやげでショートケーキを持ってきてくださった場合は、お客様の気持ちをおもんぱかって、お客様がお持ちになったショートケーキのほうを出したほうがよいと思います。

「ちょっと珍しいおみやげ」を選ぶ。

自宅でのおもてなし、「ウェルカム」が伝わる工夫

おもてなしをするときは、訪問者の気持ち・立場になって考えます。とすると、まず掃除が行き届いていることです。清潔な空間が何よりのおもてなしです。

ですから私にとっては、お客様がちょくちょく来てくださることは、いつも家を綺麗にできて有り難いことなのです。そのうえで、人は誰でも〝歓迎されたい〟という気持ちがあります。その思いをどう満たすかです。

余談ですが、私が仕事でお世話になっているある企業の部長さんは、いつ家に人が来てもよい状態にしているそうです。どんなに酔っぱらって帰っても、台所も綺麗に片づけて寝ないと気がすまないとおっしゃっています。私にはできないことなので、

そういう人を心から尊敬してしまいます。

ウエルカムの表現として欠かせないのは、**打ち水、お花、お部屋の温度調整、お茶、お客様好みのお菓子**でしょうか。

打ち水は冬はしませんが、「お迎えの準備が整っていますよ！」ということをお客様に伝えるサインです。掃除が終わって打ち水をすると、心まですがすがしくなるからふしぎです。

マンションにお住まいの方でコンクリートの廊下でしたら、100円ショップの小さいジョウロを買っておいて、お客様がお見えになる少し前に、ドアの前に半円《はんえん》を描くように少し湿《しめ》らせてもよいと思います。

打ち水は、遠くから撒《ま》いてきます。そうしないと足跡がついてしまいます。

お花は、お客様をお迎えするときになくてはならないものです。庭に咲いている花でもよいので生のお花を飾りましょう。花には、本当にエネルギーがあります。玄関と客間に1輪ずつでもよいので飾りたいところです。

夏でしたら、玄関には、ガラスの器にビー玉を入れて花を浮かせるなどして、お客様の目を楽しませましょう。

おしぼりは、私は一年中温かいものをお出しします。夏でも温かいおしぼりのほうが、使った後に爽やかに感じるからです。

私はお茶は、ほうじ茶、玄米茶《げんまいちゃ》、煎茶《せんちゃ》を用意しています。紅茶もよいですが、ほうじ茶は、和菓子にも洋菓子にも合うので重宝します。おいしいお抹茶が手に入ったときは、気軽にお茶をたてて召し上がってもらうこともあります。

中にはお茶もコーヒーも苦手という方もいます。いくつか飲み物を用意しておいて、相手の好みに合った物を出せるとよいですね。

飲み物は、夏は冷たい物をまずはお出しします。それから温かい飲み物を考えます。

石田三成が寺の小姓《こしょう》だったときのことです。豊臣秀吉が鷹狩《たかが》りの帰りに、三成のいる寺に寄って、茶を所望《しょもう》しました。すると、三成はお茶碗にたっぷり、ぬるめのお茶を出しました。秀吉はまだ喉《のど》の渇《かわ》きが癒えないので、もう1杯所望したら、今度は少し熱めのお茶を先ほどより少ない量で出されました。

秀吉は喉の渇きはおさまっていたのですが、この茶坊主に3杯目を頼んだらどのようなお茶を持ってくるのかと気になり、3杯目を頼みました。すると、今度は熱くて少なめのお茶を出してきたそうです。

世にいう「三碗の才」として有名な話です。ただお茶を出せばよいというものでなく、相手の様子をよく見て動くというわかりやすい話ですね。秀吉は、三成を人を大切にできる人間と見込んだのだと思います。

お客様の側からは、「冷房がきついので少し温度を上げてください」などとは言えません。だからこそ、もてなす側が温度調整に気をつかわなければいけません。ましてや、人によって体感温度は違うので、最も配慮の要るところだと思います。

普通、外気と5度ぐらいの温度差で調整するとよいといわれていますが、夏の日差しの強い中を歩いてきたお客様には、もう少し下げたほうが気持ちのよい室温になるかもしれません。いらして少し時間がたって、お客様が落ち着かれたら尋ねてみましょう。

それだけ家の人も気をつかうのですから、客として行ったときには、遠慮せず、寒いとか暑いとか言ってよいでしょう。我慢して夏風邪などひいても困ります。暑がり・寒がりだとわかっているお客様の場合は、空調の風の当たり具合もあるので、後から席を取り換えるより、初めからそのようなことを配慮に入れて席順を考えるほうがよいですね。

もちろん、こちらが下座《しもざ》になるのが普通なので、そちらが涼しいのなら、「空調が一番よくきく快適な席なので、よろしければこちらにおかけください」と伝えましょう。

おもてなしで大事なことは、完璧にもてなそうと思わないことです。そういう家にお邪魔すると、招かれるほうもくたびれます。

さりげなく、お客様の立場になったおもてなしができたとき、ああ、この家だったらまたお邪魔してもよいと思ってもらえると思います。

◆よく準備をして、くつろいでもらう。

自分は「いいお客様」になれている？

訪問するときは、訪問先の気持ち・立場になって考えることが大事です。反対におもてなしをする側は、お客様の気持ち・立場に立って考えることが大事です。

家にお客様がいらっしゃる日は、掃除したりお出しするお菓子の準備をしたり、結構、やることがあって大変です。

ですから**訪問する側は、約束の時間ちょうどに行くよりも、少し遅めに行くのが思いやりだと思います。といっても5分ぐらいゆっくりめです。**それ以上はいけません。少しゆっくりめに行くのは、忙しいであろう相手に心の余裕を持ってもらうためです。

ビジネスの場合は、反対に少し早めに行きます。会社への訪問と個人宅への訪問では、少し配慮が違います。

タクシーで行く場合は、家の門の前で降りるようなことをしないで、少し手前で降りたほうが無難です。昔から、目上の方の家に車で乗りつけるのは尊大《そんだい》ととられたのです。

靴を磨いておくことはもちろんですが、中敷きにも気をつかいましょう。靴下も穴など開いていないか、ズボンの裾がほどけていないかなど、身だしなみを整えておくことはもちろんです。

ミュールやサンダルで行くときには、靴下を持参しておいて、お宅に上がるときに靴下をはきます。

よそのお宅に素足で行くのは嫌われます。そうそう、最近の方は「生足《なまあし》」と言うのですが、私はこの言葉の響きがあまり好きではありません。

主人側の立場になって考えると、必ずアポをとります。その際には、「いつ行きます」などと勝手にこちらの都合を言ってはいけませんね。

「このようなことで伺いたいのですが、いつ頃でしたらご都合がよろしいでしょうか」と相手に下駄《げた》を預《あず》けます。

もしくは「こちらの都合で恐縮ですが、○月○日と、○日と○日でご都合のよい日はございますでしょうか」と尋ねます。相手の都合を大事にします。

5分くらい遅れて行き、コートを脱いで裏返しにたたんで腕にかけて、身支度を整えてからチャイムを鳴らします。**チャイムの鳴らし方にも人柄が出ますから、気をつけましょう。1回ゆっくり押します。**せっかちに押さないことです。

玄関は、内と外の境界線です。**家の人が「お入りください」と言うまで玄関に踏み込んではいけないのです。**「お入りください」と言われたら、会釈して玄関の中に入ります。お家に上がることが決まっていたら、玄関では軽いあいさつをします。

玄関の中ほどから、そのまま上にあがって、出迎えてくれた人に背中を見せないようにして、靴を邪魔にならない玄関の端に置きます。

裏返しにたたんだコートは外のホコリがついているので、玄関の邪魔にならないところに置かせてもらって、バッグと手みやげだけを持って案内されます。

部屋に通されたら丁寧なあいさつをし、その後、相手に正面を向けて手みやげを出します。椅子に座るようにすすめられたら、会釈して椅子に浅めに座ります。

食事をすすめられたのでなければ、1時間ぐらいで失礼します。**時計を見ながら「もうこんなお時間だったのですね。そろそろ失礼します」と自分から言い出し、椅子から立ち上がり丁寧にあいさつをします。**

玄関でスリッパを元どおりに直して、あいさつをしてドアを開けて出ます。玄関の外まで見送ってくれるようでしたら、**「どうぞお入りくださいますようお願いします」**と言って帰ります。それでも見送ってくれるようでしたら、しばらく歩いてから振り返るようにします。

帰ってから、親しい相手なら電話で、お礼とともに無事に着いたことなど連絡します。その後、改めてメールか封書《ふうしょ》でお礼状を出します。

◆「また来てほしい」と思ってもらえるように。

和室でのうれしくなる振る舞い

懇親会や会食の場で和室、または和室風の場所で正座する場面があります。日本人でありながら、和室で美しい所作ができない方も多くなっています。

多く見られるマナー違反は、座布団を平気で踏んでいることです。座布団の上に乗って、座ったり立ち上がったりしていませんか。物を大切にする日本の精神には、踏みつける行為は好ましくないのです。

座布団の後ろか横にいったん座ってから、にじり上がるのが本来のマナーです。座布団の上に立つことだけは絶対にやめてほしいです。

座布団のすぐ後ろに立って、まず、両膝を座布団の上について片膝《かたひざ》ずつ進んで、座布団の真ん中にきちんと座ってください。

女性は、座布団の後ろか、部屋の下座側の横にいったん座り、座布団に手をついてにじり上がると美しい所作になります。

その他には、和室でも洋室と同じように立ちあがってあいさつをするのを当然と思っている方も多いです。**和室では、目線で人間関係をはかります。目線が上のほうが目上です。**立ってあいさつすると、座っている人より目線が上になってしまいます。**和室でのあいさつは、座ってするのがルールです。それも座布団からいったんにじり降りてからです。**座布団の上に座って丁寧なあいさつをすることはありません。どうしても立ってあいさつしなくてはならないときは「立ってあいさつする失礼をお許しください」と一言詫《わ》びます。

時代劇などで、家来や腰元《こしもと》が座って襖《ふすま》を開けるのは、立って開けると室内で座っている人を見下げてしまうので、必ず座って開けるのです。襖の前でさりげなく座って開け閉めしている方を見ると、昔ながらのよい習慣を見たようでうれしくなる近頃です。

◆和室でこそエレガントに。

別れ際に、〝優しい余韻〟を残す人

「余韻《よいん》効果」という言葉があります。

「余韻」を辞書でひくと、「事が終わったあとにしばらく残るいい感じ」とあります。**物事がすんだ後まで心に残る味わい、おもむき**を言うのです。

誰かとお会いして別れた後にも、この「余韻」を残したいもの。

別れるときに「終わった！」「はい、一丁上がり！」なんて「そさくさ」とした雰囲気にしないようにすることが大事です。

心ないお別れの仕方をしている人には、余韻効果は感じられません。お会いして話していたときは楽しくても、お別れのときにそっけなくされると、それまでの好印象がなくなってしまうでしょう。

接客の世界では、**「お迎え3歩、お見送り7歩」**と言って、お迎えも大事だけれど、お見送りはもっと大事だよといわれています。

今日お会いできたことに感謝しながら、相手の後ろ姿に、その人のこれからのハッピーを念じることができる人は、余韻のある別れ方ができるのだと思います。

徒歩でお帰りになる方は、背中が見えなくなるまで見送ります。

お車の場合も、車が見えなくなるまで、足先をきちんと相手のほうに向けて、お見送りします。

私は、仕事で駅まで車で送っていただいたときなど、相手の車が見えなくなるまで見送ります。

そして車が見えなくなった後、車の方向に向かって会釈してから駅に向かうようにしています。人が見ていようが見ていまいが、感謝の気持ちをきちんと表わしたいと思っているからです。

初めてお会いした看護大学の学長さんと、お別れのあいさつをして、車に乗り込んでしばらくして振り向いたら、大きく両手を振ってくださっているのを見て感動したことがあります。

子どもがよくやるしぐさですが、私も子どもの頃は、**「また会いたいですね、お元気で！」**という気持ちを込めて、素直に両手でバイバイしていたように思います。

最後まで、感謝の気持ちを表わす。

column ◆ 帰省みやげは難しい

お盆や年末年始には、帰省される方も多いと思います。

帰省するときの、故郷の家族へのおみやげは、**皆で食べられるおかずやお菓子などの他に、一人ひとりのために、少額でもおみやげを買っていくと喜ばれる**と思います。

たとえば、お酒の好きな父親には、1合瓶《びん》の清酒。

あんこの好きな母親には、棹《さお》ものの和菓子というようにです。

一緒に住んでいる義理の姉妹には、感謝の気持ちを込めて値段の張るものを用意してもよいでしょう。

滞在費ですが、2~3日でしたら基本的にはいらないと思います。

しかし、実家の経済状況によっては、帰り際に熨斗《のし》袋に**「松《まつ》の葉《は》」（松の葉ほどの気持ちですの意味）**などと書いて差し上げてもよいと思います。

4章

感じがよくて「気がきく人」は、ここを忘れない

安心する〝タイミング〟で連絡をくれる人

人を大切にするということは、相手にすぐに反応を返すことではないでしょうか？　相手の言葉や気持ちに反応して、その心にきちんと反応を返すことができれば、人間関係はうまくいくように思います。


たとえば、メールの返信です。

私は、日本経済新聞の土曜朝刊で、マナーについての記事を連載しています。その原稿を書きあげて、データをメールで送ると、担当者の方はいつも、

「お原稿を拝受しました。ありがとうございます。これからじっくり拝読し、改めてご連絡させていただきます。取り急ぎ御礼申し上げます」

というお返事を、その日のうちにすぐに送ってくださいます。

これが、私にはとても有り難いのです。

こちらは、頑張って書いた原稿を送って、メールがちゃんと届いているだろうか、編集者の方がお読みになってどのような感想を持たれただろうかと、毎回、密かに気をもんでいます。

そんな私の気持ちを汲み取って、忙しいはずなのに、「メールを受け取りました」という旨だけ、先にすぐに伝えてくださる。

それから、後で改めて、原稿の内容についての返事を丁寧に書いて、送ってくださる。

その二度の手間をかけてくださっていること、何より最初にスピーディーにお礼のメールを送ってくださることが、うれしく有り難く、これこそ気くばりだと感じます。

もし、これがいつまでも返信がなかったら、どうでしょう。

原稿を読むのは時間がかかるでしょう、「読んでから返事を」と思っていると、翌日、翌々日に返事をすることになるかもしれません。

「後で丁寧に返信するほうがいい」と思ってそうしているのだとしても、待たされている側からはわかりませんから、その時間をつらく感じるものです。

これは、仕事の場面だけに限りません。

あなたが出したメールに、いつまでも返信がないと、その相手に好意を持つでしょうか。繰り返しになりますが、「愛」の反対は「憎しみ」ではなく「無関心」です。返信がない、反応がないということは、無関心の表われです。

スピードやタイミングには、気持ちが出るものです。相手をどう思っているかが、暗《あん》に伝わります。

同じことを伝えるのでも、メールを返すスピードが違えば、タイミングが違えば、相手が受ける印象はまったく変わります。

何かしてもらったときに、後でお礼を言えばよいなどと思うとダメなのです。すぐに、まずは反応することです。

返信やお礼を言うのが面倒くさいという気持ちがある人は、反応が遅いです。**「面倒だと思ったら、かえってすぐやる」**、そういう気持ちを習慣化することが大事なのです。

ただ、「相手の気持ちに応えないといけない」と気をつかいすぎるのはいただけません。いつでも、反応を返すのが早ければよい、というものでもありません。

気をつかうのはよいのですが、それをあからさまな感じにして、相手に〝気をつかわせている〟と思わせてはいけないのです。

たとえば、出産祝いを贈りました。それに対して、先方から1週間ぐらいでお返しが送られてくると、あまりにも早すぎて、贈ったほうが「相手に負担をかけたのではないか」と申し訳ない気持ちになってしまいます。

先人たちは、そんな双方の気持ちを考えて、**「お返しは、3週間から1カ月後ぐらいに」**というルールをつくったのです。

反対に、1カ月以上過ぎて、忘れた頃になってお返しがくると、贈った人はなんのお返しなのか考えてしまいます。

◆相手にとって〝うれしいスピード〟で。

初対面の「こんな一言」がうれしい

名刺交換は、よい人間関係をつくれる大事な場面です。

ニコニコ・ハキハキ・キビキビと、あなたにお会いできてうれしいという気持ちを伝えることです。人の心は鏡です。好意を持てば好意が返ってきます。

すでに書いたように、この地球上に約70億人いるといわれているのに、一生のうち、会える人は、2万人から5万人だとされています。世界中の69億9995万人は言葉もかわさず、ご縁なく終わってしまう人間関係です。

その人と名刺交換ができることは奇跡です。そう思うとうれしくなるのは私だけでしょうか。

大人になると、相手の役職名ばかりに目がいく方が多くなるのですが、私は名前に興味があります。親御さんが心を込めて命名しているはずですから、下の名前の読み方を確認させてもらいます。できたら、どのようにしてご両親がお名前をつけられたかを聞いたり、自分の感想を言ったりします。

それだけで初対面の方とも、昔からの知り合いのような感じになれることもあります。私一人でそう思っているのかもしれませんが、お互いに緊張するのが名刺交換ですから、楽しく名前と心の交換ができたらと思っています。

生まれて初めて会った名前でも、決して「珍しいお名前ですね」とは言わないでください。「珍しい」と言われてうれしく思わない人もいるようです。「初めてお目にかかるお名前です」など感動しながら言えばよいと思います。

相手の名刺を両手でしっかり持つことはご存じだと思いますが、お辞儀をするときに、胸の高さから下げてしまう方も多いように見受けられます。いただいた名刺は、胸の高さでキープして持ちます。

◆笑顔で、出会えたことに感謝する。

声に〝表情〟があると、電話での話もはずむ

コミュニケーションにおける伝達効果を、アメリカの心理学者アルバート・メラビアンは、**「言葉7％　話し方38％　表情55％」**といっています。

直接会えば、多少言葉が足りなくても話し方が下手でも、表情・態度・動作が補《おぎな》ってくれるということですね。

電話が難しいのは、この表情・態度・動作が相手に見えないところです。ということは、声に表情をつけることが大事だということです。

先日もある企業さんにお電話したとき、担当の方に無愛想《ぶあいそう》な感じで話されたので、あまりよい印象を持ちませんでした。ところが実際にお会いしてみると、清潔感のあ

る素敵な青年が現われたので、びっくりしてしまいました。

電話だけでお会いしていなかったなら、その方に対する印象がまったく違ったものになってしまうところでした。

彼の場合は、電話のときにあまり口を開かないで話しているのが、無愛想になってしまう原因でした。

口角（口の端）を上げて笑顔の状態で話すと、その人が持っている一番よい声が出るといわれています。笑顔は脳を活性化しますので、電話で話すときは、自分のためにも笑顔をキープ！　です。

電話でも第一印象は大切にしてください。

電話の第一印象は、第一声です。第一声で相手はあなたを好きか嫌いかを決めてしまいます。感じの悪い、暗い雰囲気の第一声だと、相手は心証《しんしょう》を悪くして、聞く耳を持ってくれなくなります。

私たちは、地声《じごえ》と裏声《うらごえ》、声をひそめて話す息の声を上手に使って話しています。感情が入っていないように聞こえる人は、この使い分けが上手ではないのです。

特に、電話でも地の声だけで話す人は、あいさつをしても冷たい印象に聞こえ、謝っても口先だけで謝っているように聞こえて、心のニュアンスが伝わってこないのです。

電話では、〝ちょっと高めの声〟で話すぐらいが、明るく感じよく、声に表情があるように聞こえるようです。

自信のない人は、電話でも身ぶり手ぶりをつけてお話しすると、少し印象がよくなると思います。

また近頃、若い方に多いのが、相手の名前を聞くとき「お名前をいただけませんでしょうか」「お電話番号を頂戴できませんでしょうか」と言う方です。私は、このように聞かれると意地悪かもしれませんが「名前はあげられません」と言います。「いただく」の基本形は「もらう」です。名前や電話番号を、人にもらわれては困るのです。**「恐れ入りますが、お名前（お電話番号）をお教え願えませんでしょうか」**と丁寧に言うことをおすすめします。

声が小さくて聞き取れないときは、相手のせいにしないで電話機のせいにしたほうが無難です。**「恐れ入ります、お電話が少し遠いようでございます」と言います。**

電話の切り方が早い人も多いですね。「失礼します」と言うか言わないうちに、ガチャン！　本人は悪気はないのでしょうが、そうされたほうは心が冷えますね。

たとえていえば、友達の家を訪問して帰るとき、玄関の戸を閉めたとたんにパッと玄関の電灯が消え、鍵のかかる音がしたような感じではないでしょうか？　別れ際にどんなににこやかに話していても、とたんに心が冷えてしまいます。

電話はかけたほうと受けたほうと、どちらが先に受話器を置くのがよいでしょうか。用事があってかけてきたほうです。しかし、**相手が目上の方やお客様の場合は、自分がかけた場合でも、相手が受話器を置いてから、静かに置くようにします。**

案外、電話で用件を伝えるとほっとして、または次のことに想いがいってしまい、無意識に受話器を置く人が多いように思います。

あなたの電話の切り方は、配慮のある切り方になっているでしょうか？

◆電話では対面よりも〝明るく〟！

付箋メモ、一筆箋、封筒……心がなごむ工夫

今、文房具屋さんに行くと、いろいろな種類の付箋《ふせん》があります。可愛いイラストつきの物、面白い形をしている物、立体的な形の物。文房具店に入ったとき、面白い物があるか探すのも楽しみです。

そんな付箋をいくつか集めておいて、ここぞというときに使ってみてはいかがでしょうか。

社内にいる相手に伝言があるときは、メールを送るより、相手の机まで出かけていって付箋を残すほうが、気持ちの伝わる効果がありそうな気がします。

たとえば、「イケメン付箋」です。イケメンの顔から吹き出しが出ていて、そこに

書き込める付箋なので、イケメン経由で気持ちを伝えられます。相手好みのイケメンで気持ちを伝えられると、効果抜群です。

伝言があるときだけでなく、ちょっとしたお菓子の差し入れにも、付箋に、

「〇〇に出かけたおみやげです。ひと休みにどうぞ」

と書いて貼《は》るだけで、そのまま渡すよりも印象がワンランクアップします。

こうした気づかいができると、チャーミングでお互いの心がなごみますね。

「ひみつ付箋」というものもあります。折り返して、書いたメッセージを隠せるようになっているので、まわりの人に知られたくないことを書くときに便利です。楽しいデザインなので、気持ちもほっこりします。

出版社から書類を送られてくるときに、一筆箋《いっぴつせん》を使われる方もいますが、楽しく面白い付箋に上手にメッセージ書いてくださる方もいます。

また、私の記事が掲載された雑誌などを郵送していただくときは、封をセロハンテープやガムテープでビーッと貼ってくる方がほとんどです。

　ですがやはり、**糊《のり》で丁寧に封をしてくれる人のほうに誠意を感じます。**糊で封をすることは、セロハンテープを貼るよりひと手間かけることになるので、より相手に対する誠意があると思っています。

　しかし、**同じテープでも上品な絵柄のテープ（マスキングテープ）を貼ってくださる方には、手間を省《はぶ》いたとは感じず、かえってセンスのある人と感じます。**

　ところで、読者の皆様は、封書の封じ目に何か書いていますか。何も書かないという人も多いですね。

「〆《しめ》」を書くことも多いと思いますが、×にならないように気をつけてください。「封」「締」と漢字で書いてもよいです。「緘《かん》」は重要なお便りに使います。「つぼみ」「蕾《つぼみ》」と書くこともあります。これは昔、女性が恋人への便りに使用したものと聞いています。男性は使えませんが、女性は誰にでも使えると思います。

　洋封筒には、外国では封じ目にロウ（シーリングワックス）を塗ることはありますが、和封筒にするような「封」や「〆」などは書きません。封筒に合うシールを貼って楽しんでもよいですね。

一筆箋や付箋メモも吟味して選んでいる人には好感を持ちます。見た瞬間に心の中で「可愛い！　素敵！」と叫んでしまいます。

それには日頃から文房具売り場を好奇心の目で見ていないと、なかなかセンスのあるものには出会えません。そして、これいいな！　と思った文房具はすぐ買うということですね。「後で」なんて言っているといると買いそびれてしまいます。

ウインドウショッピングのときに、文房具売り場を覗《のぞ》く癖をつけると楽しいです。

手紙で〝ぬくもり〟を届ける。

「面倒なこと」にこそ、心を込めて時間をかけて

「雑用」という言葉がありますが、私は本当は、この世に「雑用」と呼ばれるべき仕事はないと思っています。職場全体の仕事がうまくいくための下準備やコピーとりを「雑用」というのなら、それはおかしいのではないでしょうか。

人生には影と光があります。光る人がいるためには、その人をもりたてる人がいるということです。こまごまとした仕事も楽しんで工夫できる人は大物だと思います。そういう仕事を通して、どのようにしたら素早く上手に丁寧にできるかと頭で考えるので、応用がきく人になれます。

目の前の仕事を「これは雑用」と考える人は、真心で仕事をせず、単に仕事をこなすような人だと思います。

昭和天皇は**「雑草という植物はない。それぞれ名前がついているのだ」**とおっしゃったそうです。仕事にも同じことがいえます。

そのような陰の仕事をしてくれる人がいなかったら仕事は成り立っていきません。「おかげさま」という感謝の気持ちが将来を輝けるものにするのです。

雑用といわれるものこそ、丁寧に心を込めてしなくてはいけないのだと思います。雑用を制するものは、全ての仕事を制するのだと思います。

自分の仕事が終わったらまわりを見ましょう。まわりの人の手助けを積極的にする人は、まわりから大切にされる人です。

さて、一つの仕事が終わると、心は次のことに移っていきますね。私はどちらかというと、次にやることがもう頭の中にあるので、終わりのほうが丁寧でなくなることが多いように思います。

接客の現場で「お迎えよりお見送りを丁寧に」といわれるのは、会計が終わったとたん、次のお客様に気持ちが移って、雑な接客になってしまうからでしょう。

これが、オフィスワークの方ならいかがでしょう。会議や研修が終わった後に、椅子を揃《そろ》えたり、ホワイトボードを綺麗にすることはもちろん、マジックの色を揃えたり、使いやすい方向に向けるなどしたり、忘れ物はないかと点検をしてくれたりする人がいると、この人は信頼できると思います。

誰かから特にほめられたり評価されたりしているわけではなくても、ちょっと面倒な後始末を丁寧にできる人はカッコいいものです。

哲学者の森信三《もりのぶぞう》先生は**「人間は億劫《おっくう》がる心を刻々にきり捨てねばならぬ。そして、年をとるほど、それがすさまじくならねばなるまい」**とおっしゃっています。

面倒くさいと思ったら後回しにしたくなるのが人間です。ですから私は「面倒くさいと思ったらやる」を自分のモットーにしています。

◆手を抜かない人は美しい。

よかれと思ってやったこと、相手の負担になっていない？

何かをいただいて、相手の負担にならない、上手なお返しをするのはセンスがいるようです。

「2月の贈り物」というとバレンタインのチョコレートではないでしょうか。職場での贈り物として定着しています。2月のデパートのチョコ売り場は人でごった返しています。

といっても、男性が多く女性が少ない職場は、結構な出費で苦労しているようです。男性側ももらえばもらうで、苦労が多いのではないでしょうか。

私事ですが、夫が職場の女性からもらったチョコのお返しには、ずいぶんと気をつかい苦労しました。見栄っぱりかもしれませんが、妻が評価されるようで、ホワイトデーのお返しの品物にはかなり頭を悩ませました。**もらった人が負担に感じるのでは、マナー違反だと思います。贈り物は心と心のキャッチボールです。**

そこで、バレンタインのチョコを贈ったほうがよいかどうか悩む女性たちには、**「チョコなしで、職場での感謝の気持ちを伝える日にしたら」**と提案しています。

カードに皆でひと言ずつ、男性たちに対する感謝の気持ちを書いて贈るのです。書きづらい相手もいると思いますが、カードに書くことで相手のよいところを見つけようとするので、客観的にまわりの人を見直すよい機会になると思います。

職場で義理チョコを渡すときは、個人ではなく職場の女性グループの連名で贈ることをおすすめします。一人あたりの金額が少なくても、そのほうが質のよいものを贈ることができます。

この場合も、感謝の気持ちを書いたメッセージカードを添えたほうが、心が伝わります。個人で贈る場合は、本命と勘違いされるようなチョコや、意味深なメッセージはつつしみましょう。

◆〝お返し〟で相手を悩ませない。

疲れている様子の人に、声をかけたいときは――

正直なのはよいことなのですが、顔色の悪い人に「顔色が悪いですね、どうなさったの」などと言ってはいけないのです。自分で顔色が悪いのはわかっているので、人に気づかれると、やっぱり顔色が悪いのだ……とますます不安にさせてしまいます。「ずいぶん、疲れているようね」と言うのも同じことではないかと思います。疲れていることは本人が、一番よくわかっているのです。

そのようなときは、さりげなく、

「何か手伝わせて」「お手伝いできることはありますか」

と言えばよいのです。あなたの力になりたいという表現ができればよいのです。

あるいは、その人の好きなお菓子をそっと差し入れてもよいですし、趣味の話や好きなタレントさんの話など、気持ちが晴れるようなことを話してあげたらいかがでしょう。

親しい相手であれば、二人でおいしい物や甘い物を食べに行っても気が晴れるかもしれません。私だったら大きな樹の下に連れていくかもしれません。大きな樹の下には樹の精がいて、ふしぎと元気にしてくれます。緑の色は、疲れを癒してくれます。

私の若い友人は、疲れているときに職場の先輩から、

「おせっかいかもしれないけれど、最近元気がないように見えるよ！　大丈夫？力になれることがあったら言ってね」

と言ってもらって、有り難かったと話しています。その気持ちもわかるような気がしました。

自分で書いていてなんですが、心づかいにはやはりマニュアルはないのですね。相手の性格をよく見て、相手が喜ぶであろう言葉がけが大事と思います。

◆「気持ちが晴れる話」をする。

ご馳走になるときのメニュー選び

若いときには、よく年上の方からご馳走になる機会がありました。

今となってはずいぶん昔のことですが、私がまだ新入社員だった頃、職場の上司が、私と女性の先輩をつれて、鰻屋《うなぎ》さんでご馳走してくださったときのことです。

メニューを見ると「松・竹・梅」と三つあって、「どれにしましょうか」となったのですが、そのときの私はまだそうした場に慣れず、どうしていいかわからずにいました。そうしたら、隣に座っていた先輩が、

「お言葉に甘えて、竹をいただいてもよろしいですか」

とおっしゃったので、「私も同じ、竹をいただきます」と続けることができ、ほっとした、という思い出があります。

その先輩に教えていただいたのが、

「人にご馳走になるときには、メニューを見て、一番高いものと一番安いものは頼んではいけない」

ということ。確かに、高いものは相手にそれだけ負担をかけることになります。また、安いものは相手のお財布の中身を値踏《ねぶ》みしているようで失礼になるのだと、教えてもらいました。こういうことを知っておくのも、悪いことではありません。

自分が年をとって、ご馳走する立場になってみて思うのは、本当にその方の好きな物を食べてもらいたいということです。ご馳走して相手が「本当においしかったです」とニコニコしてくれたときは、こちらも「よかった！」とうれしくなるからです。

ただ、何が食べたいですかと聞かれて「○○が食べたいです」と言うよりも、

「お言葉に甘えて、○○をいただいてもよろしいですか」

と相手の意向を聞く表現できれば、さらによいのかなと思います。

ご馳走になったときに何より大事なことは、「おいしそうに！」食べることです。

そして、食べ終わったときに幸せいっぱいの表情をしてくれると、こういう若い人に

は、またご馳走したいと思ってしまいます。

外で招待されてご馳走になったときは、椅子から立ち上がったときに「ご馳走様でした、おいしゅうございました」と言います。

会計のときは席を外して、先にお店の外に出て待つか、レジのそばから離れます。

ご馳走してくださった方が外に出てこられたらお礼をもう一度、言いましょう。

ご招待ではないときに、食事が終わって、相手に「支払いは私が……」と言われたら、一度は遠慮します。**「ぜひ、私のぶんは、支払わせてください、お願いします」**などと言って財布を出します。それでも先方に「いいえ、こちらが」と言われたら、「ありがとうございます」と素直に受けましょう。

レジの前で「私が！」「いいえ私が！」と言い合っているのは見苦しいものですし、お店の人も困ってしまいますから、やめましょうね。

ご馳走する側は、お店選びから始まります。

そのとき、ご馳走される方には、苦手な食べ物は初めに伝えてほしいです。

「恥ずかしいのですが、小さいときからトマトが好きになれなくて……」という直接的なように。**「好きになれなくて」**という言い方のほうが、「嫌い」「苦手」という直接的な言い方より優しく聞こえると思います。

好きな食べ物を言ってくれるのも好感が持てます。好きなものを言うときは、素直にありのままに「お肉が大好きです」でよいのです。

ご馳走する側のメニュー選びとして、一番いいのは、前もってお店と相談して出していただくお料理を決めておいたり、コースメニューを予約しておいたりして、相手がメニューを見なくてもよいようにしておくことだと思います。そうすれば、お会計の額も相手からはわからないので、気をもませることが減ります。

あるいは、一緒にメニューを選ぶのだとしても、お店の人に「おすすめは何ですか？」と聞いたり、「私はこれにしようかと思うのですが、いかがですか？」と声をかけて誘導してあげると、相手も「それでお願いします」と答えやすいでしょう。

◆「おいしそうに」食べて、喜ばれる。

「お礼は二度言う」って、こういうこと

こちらが何かして差し上げたとき、お礼を何度も何度も言う人がいます。

お礼を丁寧に言ってくださる方は、気持ちの優しいよい人だと思うのですが、あまりに何度も言われると、言われるほうは、少し心の負担になることも確かです。けれども、何かしてあげたときに、当たり前のような態度をとられるのも、気持ちのよいものではありません。

お礼はその場できちんと言った後、次の日にメールを送るのがいいですね。

もちろん、お礼状が出せれば今の世の中、最高のお返しだと思います。

おすすめは、カードに書いて郵送することです。手書きのお礼状は、何度も読み返せるのでうれしいものです。

私も、お仕事でおつきあいのある方に、ランチをご馳走したら、その日中にお礼のメールがきただけでなく、後日、直筆のお礼状もいただいて、とてもうれしく思ったことがあります。**「お礼は二度言う」**と覚えておきましょう。

また、次にお会いしたときにもお礼が言えると、さらに好印象だと思います。


ご馳走になったときは、もし自分がご馳走したら、どのような言葉や態度をされたらうれしいかを考えればよいのです。相手によっては何度もお礼を言われるのは嫌と思う人もいるので、相手の心を読んでお礼を伝えるとよいです。

ご馳走した人の立場に立って考えると、**お食事がどのようにおいしかったか、お店の雰囲気がよかったか、など感動したことを正直に言ってお礼を伝えます。**

「お礼は二度」は、ご馳走になったときだけでなく、親切にしてもらったときも同じです。その場でお礼を言った後、メールなどで必ずもう一度お礼を言うように習慣づけると、よい人間関係が築けます。

◆「直筆のお礼状」は、やはり特別。

ワリカンにするときの、こんな気くばり

若い人同士のお会計は、基本的にはワリカンでよいと思います。

先輩からよくご馳走になって、「あなたも先輩になったとき、後輩に同じようにしてあげてね」と言われてきた世代には、一緒に飲んだとき、後輩にお金を出させるのは忍びないと感じる人が、まだ結構いるように思います。しかしながら、年功序列型賃金が失われつつある昨今、難しいこともあるのではないでしょうか。

また、後輩を誘うときは、それなりの配慮がいりますね。会社でのおつきあいだけで十分、プライベートまでつきあいたくないという後輩もいるかもしれません。後輩の性格を見抜いて、後輩の気持ちになって考えてあげることは大切です。

誘われた後輩のほうも、ご馳走してもらえるのかどうか？　ご馳走になってもいいのかどうか？　と、迷うところですね。

それなら、自分が初めから全額負担するつもりであれば**「私がご馳走するから」**と誘い、少しだけ負担しようと思っているのであれば、

「〇千円しかないけど飲もう！　足が出たら、負担してね」

と言って誘うのはいかがでしょうか？

男女間でも、ワリカンでよいのではないですか。昔は、デートのときは、男性がお金を出すのが普通でしたけれど、今は必ずしもそうとは限りません。

若い方に話を聞いてみたら、ワリカンにするから男性は、そのぶん気づかいをしなければいけないと思っているそうです。

お店を予約したり、待ち合わせを決めて道案内をしたり、映画や美術館のチケットを手配したり、女性の荷物を持ったりといった気づかいです。

ただ、**重い荷物を男性に持ってもらうのはよいのですが、男性が女性のハンドバッグまで持つのは行きすぎのように思います。**

女性のバッグの中には、女性のたしなみに必要な化粧品やハンカチなどが入っています。それを丸ごと男性に預けてしまうのは、いかがなものでしょうか？

若いときに読んだ外国の本に、**「女性がバッグを離すときは死ぬとき」**と書いてありました。それは女性であることを放棄《ほうき》する行為なのかもしれません。

私の男性の友人は、「ワリカンは好きでない、英国式でやりたい」と言っています。**たとえば私が今回支払いをしたら、次回は友人が支払いをする**というようにです。

英国の人は、本当にいつもそのようにしているのでしょうか？

でも、実際に英国式にしてみると、ワリカンよりも心のキャッチボールができるように思います。お店選びでも喜んでもらおうと思いますし、相手の「ありがとう！」の笑顔を交互に見ることができるわけですから！　よい形の、大人のつきあい方だと思います。

◆お金だけでない、気持ちのキャッチボールを。

食事の席だからこその配慮

今は昔のように、家長が箸《はし》をとってから、家の人皆が箸をとるということを家庭の食事の場でしなくなっているようです。

そのため、社会人になっても、食事をするときに、目上の人を待たずに一番先に箸をとる人、一番先にナプキンをとる人が多くなっているそうです。

その場で一番上の方が箸をとったら、次の方が箸をとる……ということが自然にできるようになるとよいですね。

また、よく見るのは、**「渡し箸」**です。お箸を使わないときに、箸置きに戻さず、器やお皿の上に箸を置いて立つ人をよく見ます。渡し箸は、食事中でもしてはいけない箸使いです。なぜなら、器の上に箸を置くと転がりやすく粗相の元だからです。

割り箸を割るとき、縦に割りなさいという人もいます。理由は、水平に割ると前にある器を倒すことになるからというのです。私は、扇《おうぎ》を開くように割ることをおすすめします。そのほうが美しいからです。静かに割るようにしたら問題ありません。

割った箸をこするようなことも見苦しい所作です。テーブルの下で、ささくれを手で取ってください。

次に、孤食《こしょく》が多いせいか、だらしない姿勢で食事をする人も増えています。背筋を丸めて、肘をついてお箸やスプーンを動かしている人の姿も、街でよく見かけます。

フランスで長いこと仕事をしている友人に、テーブルマナーでフランスの人が大切にしていることを聞きましたら、

「難しいことはないですよ。**テーブルに肘をつかないこと、口の中に物が入っているときは、話をしないこと。**姿勢よくしていることを心がけて、楽しくおいしく食べることができれば、堅苦しいことは言いません」

と教えてくれました。私もつい話に夢中になると、身を乗り出してテーブルに肘を

ついてしまいがちなので、注意しています。

姿勢よく座るためには、**椅子に深く座り、背もたれに寄りかからず、おへそを縦にして（腰から上を釣《つ》り人形のように糸で持ちあがるようにする）、テーブルとお腹の間はこぶし一つ半から二つ開ける**ようにします。

椅子に深く座るのは、浅く座ると椅子がテーブルから大きく離れ、サービスする人の邪魔になるからです。サービスする人のことも考えてこそ、気づかい上手ですね。

お口に物を入れているときに、話しかけられたらどうしますか。

皇室の大膳課《だいぜんか》の料理人だった渡辺誠さんから伺ったのですが、皇室の方は、いつ話しかけられてもよいように、お口にほんの少しずつしか食べ物を入れないようにされているそうです。

嚙めないときは、ほっぺの横に食べ物を移動させてお話しされるそうです。そうすれば、口を開いたときに食べ物が見えないからとのこと。

それでは、あなたが食事中に食べ物を口に入れたとたんに話しかけられたら、どうしたらいいでしょうか。

私が小学校の給食の時間に、食事のマナーについて呼ばれたときには、次のように話しています。

まず、話しかけられた方にアイコンタクトしながら、申し訳ないという気持ちで会釈をします。それから食べ物を飲み込んで「失礼しました」と言ってから話をしましょう！……と。子どもたちが練習してくれるのですが、そのしぐさが可愛く心がほっこりします。

その後、よその学校の先生が、給食の時間にいらして、食べている子どもに話しかけたら、子どもたちが「アイコンタクト・会釈・静かに喉を通して『失礼しました』」とパーフェクトに対応したそうです。

「その他校の先生から、えらくほめられました」というお礼の手紙をいただきました。お役に立ててよかったです！

一緒に食事している相手が、口の端などに米粒や食べ物のカスをつけていることはありませんか？　家族ですと「お弁当つけてどこ行くの？」などと気安く言えるのですが、仕事でお世話になっている担当の方にはそうは言えません。

でも、こちらとしては気になるのです。皆様は、そのようなときどうしていらっしゃいますか？

ふしぎなのですが、**話しながら、その人の米粒のついているのと同じところに手を持っていくと、相手もそこに手を持っていくのです。**そして、口の端についたものは無事とれます。

おしぼりのことで一言。

おしぼりを取り上げて、胸の高さで使う人が多いのですが、**手を拭く動作なので、膝元《ひざもと》の低い位置で拭いたほうがスマート**のように思います。

また、男性でおしぼりで首や顔を拭く人がいますが、おしぼりは手を拭くものなので、あまりほめられた所作ではないですね。

「日本の作法は、神様との約束」と言った人がいます。

ですから人が見ていないといって雑な食べ方はしない、人が見ている見ていないにかかわらず、美しい所作を心がけるのが日本の礼儀作法です。

確かに、一人でも美しい食べ方をしようと心がけている人は、美しいですね。

知り合いの店主は、会社の仲間や家族で食事をした後、**「椅子がきちんとテーブルの下に入っている」か、「お箸が初めと同じように一文字に置いてある」かで、会社や家の品格がわかる**と言っています。確かに、自分たちが食べた後、振り返ることは大事です。

サービスしてくれる方も同じ人間です。お互いに気持ちよい環境をつくる、思いやりの心がマナーです。「お金を払っているから」と傍若無人《ぼうじゃくぶじん》な振る舞いをするのは、恥ずかしいことです。

先人たちは、食べ終わった後に残す場合でも、「景色をつくりなさい」といっています。**残したものをお皿の端にまとめるとか、見苦しいのならば残した食べ物の上にパセリなどの葉物を載せるのです。**

おいしいお料理をいただいたなら、店の人に支払いのときに、「おいしゅうございました、御馳走様」と声をかけてください。つくる人の励みになります。

食事中も、食べた後も、美しく。

〝幹事力〟を発揮する人が、心をくだいていること

職場の飲み会の幹事を引き受けて大変だと思うか、皆に喜んでもらうためにはどうしたらよいか？　と考えるかで、成果は違ってきます。イヤイヤ引き受けていては、知恵も工夫も湧いてきません。

まず、出席者の中で年長の人たちの都合を聞きます。食べ物の好みを伺います。普段は話すことのない上の方たちともお話しできる、よいチャンスになるのです。また、上の方に自分のことを理解してもらえるチャンスでもあるのです。

お店選びですが、まず個室のある店を選びます。今は、ネットでいろいろな情報を手に入れることができますが、よいと思った店を選んで、実際に行ってみることが大

切です。お料理がおいしいか食べてみるとよいでしょう。

私の知人が大学を出て就職して半年たった頃、上司にお客様の接待場所を選ぶように言われたそうです。

知人は、ここがよいかもしれないと思った店に足を運び、女将《おかみ》さんに正直に事情を話し、実際に当日食べるものもいただいて、食べ方のレクチャーを受けたので自信を持って接待ができた、という話を聞いたことがあります。

何事も、準備と精一杯おもてなししたいという真心なのですね。

近頃、チェーン店が増えています。チェーン店がいちがいに悪いとは思いませんが、この歳になると味がのっぺらぼうになっているように思えます。個人経営のお店で一生懸命、真心込めて料理をつくっているお店には、かなわないと思います。

今、個人経営で頑張っているお店が、なかなか長続きできていません。おいしい個人経営の店を、たくさん使ってもらえるといいのにと思っています。皆様も応援してくださいね！

当日は、早めにお店に行って、お店の方に「今日はよろしくお願いします」とあいさつします。**参加者の中には、お店の位置がわからず電話を入れてくる人もいるので、携帯電話はすぐ出ることができるようにしておきましょう。**

会が始まったら、下座に座って、皆さんの食べる様子や飲み物が足りているか目をくばり、輪に入れずにいる人がいないか気をくばります。

静かで会話がぽつりぽつりなところでは、楽しくなるような工夫をして、盛り上がりすぎているところには、騒がしくなりすぎないように上手に水をかけるのです。

幹事にとっての、残る大事な役目は、会費の徴収ですね。

飲食代は、男性が多めに払うことも多いようです。ちょっとした集まりの会費でも、「女性5千円、男性8千円」などと書かれていることが多いです。

これは、女性がアルコールをさほど嗜《たしな》まないという古きよき（？）時代の名残のようで、私のようにお酒をいただく者にとっては大変申し訳なく思うのです。

いくらか余分にお支払いしたいと思っても、他に女性がいた場合、自分だけいい格好をするようになるので、どうしたらよいか悩みます。

以前、同じ趣味の友人と集まったときには、「飲む人、飲まない人」で分けて会費を徴収してくれたことがあって、これはとてもいいアイディア！　と感心しました。**「飲む人〇〇円、飲まない人〇〇円」というふうに、設定してくれたのです。**

このほうが、私のように飲む人間には、遠慮せず飲めて有り難いですし、飲まない人も、よけいに負担させられたという不公平感がないですね。

皆が平等に楽しめるように。

お酒のお酌――こんな考え方、楽しみ方

相手のグラスが空《から》になったら、ひと言声をかけて飲み物をすすめてください。

「ビールでよろしいですか。他のお酒になさいますか」

と尋ねてください。

日本では、手酌《てじやく》でなくお酒を「さしつさされつ」する文化です。自分の器のお酒が空になっても注ぐわけにはいかないので、まわりに気をつかってもらわないと飲めなくなるのです。

若いときに先輩から「**お酌をしてくれる人のグラスや盃《さかずき》をよく見てごらんなさい。自分が注いでもらいたいから注ぎに来るのよ**」と言われたことがあります。確かに、そういう人のグラスは空になっていることが多いです。人間の心理は面白いですね。

さて、ここで問題です。自分にお酌をしてくれる人の盃を見たら、お酒が入っていませんでした。そのときに「大変失礼いたしました。私に先にお酌させてください」と徳利《とっくり》を取り上げるか、それとも、「ありがとうございます」と言って先についでいただくか、あなたはどっち派ですか。

私は、「ありがとうございます」と言って先に注いでもらいます。理由は二つです。

一つは、せっかく相手が注いでくださるのに、その徳利をとるより、甘えて先に注いでいただいたほうがよいと思うのと、注いでいただいた飲み物は、いったんテーブルの上に置くのががっついているように見えない所作です。

注がれたお酒やおかわりした味噌汁を、そのまま口に持ってくるのを「**受け吸い**」といって日本ではタブーとされています。

ですから、「**ありがとうございます。〇〇さんのお酒が少なくなっているのに気がつかず失礼しました**」と言いながら注いでもらって、注がれた盃をいったんテーブルに置いて、相手の好きなお酒を注げばスマートです。

若い人は、お酌をすることに抵抗があると思います。お酌は、日頃のお礼を言うよいチャンスととらえてください。

「いつもありがとうございます。○○部長の温かいお心にいつも感謝しています」と感謝の気持ちを伝えましょう。

グラスにビールがだいぶ残っているのに、注がれるのが一番困ります。温度が変わりますし、おいしく感じません。

作家の池波正太郎《いけなみしょうたろう》氏は「コップの三分の一くらい注いで、それを飲みほしては入れ、飲みほしては入れして飲むのがビールの本当のうまい飲み方なんですよ」と『男の作法』という本に書いていました。

私でしたら、相手のグラスが残り2〜3センチぐらいになったときに、「いかがですか?」とお酌をするまねをして、「よかったら飲みほしていただけますか」とお願いをして、なるべく空のグラスに注ぐようにします。

◆気持ちよく、さしつさされつ。

立食パーティーで表われやすいセンス

食欲は人間の本能です。だから食事も本能に任せていると、ガツガツとした雰囲気になってしまうのです。動物を見ればよくわかると思います。人間らしく食べる知恵を先人たちが教えてくれているのが、食事のマナーです。

特に立食のときに、食欲の本能が出やすいように思います。

とりわけ女性は、我先にと、スイーツをとりに行こうとする光景をよく見ます。**気をきかせたつもりで、人のぶんまでお皿に山盛りにしてとってくる人がいますが、品のないことです。**

立食も中華料理も同じですが、自分の食べるぶんだけとるのが基本です。中華料理などいつも末席の人が取り分けなくてはいけないのならば、お店の人に給仕をお願いすればよいのです。

それから、**主賓《しゆひん》の方などが前に出てお話ししている最中に料理をとりに行ったり、食べ続けたり、お話を続けたりしている人がいますが、心ないことです。**

入れ替わり立ち替わり話をする人がいるときは、食事を続けてもよいでしょうが、終わったら必ず拍手をすることを忘れないようにしたいものです。

また、食べるスピードは、速い人は遅い人に合わせ、遅い人は速い人に合わせる気持ちで食べます。自分勝手な振る舞いは、食事の場でもつつしみたいものです。

「礼儀は恕《じよ》」と孔子《こうし》はいっています。

「自分がされてうれしいことをする、自分がされて嫌なことはしない」――これこそが、思いやりの気持ちの表現です。

◆場になじむ、品のある振る舞いを。

column ◆「箸のとり方」に込められた配慮の心

「箸は三手《みて》でとる」ということを、皆さんはご存じでしょうか。

右手だけで一度でも箸をとることはできますが、三回に分けてとる（三手でとる）ことで、より丁寧でエレガントになります。

まず、右手で箸の真ん中近くを持ち、取り上げます。

次に、左手で下から箸を支えます。

それから、右手を箸の頭のほうに滑らせて、箸の下から三分に一のところ（持ち手）を持って使います。

箸を三手でとる意味を、先の皇室の料理人だった渡辺誠さんは「目上の方に遠慮して、箸の持つ位置を少し下のほうの箸先にするため」でもあるとおっしゃっています。こうした作法にも、日本人の気づかいの気持ちが、込められているのですね。

5章

〝気くばり上手〟のまわりには、素敵な出来事が集まってくる

行列で、化粧室で――「お先に」の心

公共のトイレに並んで待っているときに、私は自分の番になったら、次の人に**「お先に」**と言ってから利用していると知人たちに話したら、「そんなことしなくていいんじゃない？」と言われてしまいました。自分の番なのだから、気をつかうことはないというのです。

現代家族の研究をされている岩村暢子《いわむらのぶこ》氏によると、日本人には2種類いるそうです。1960年を境《さかい》に、日本人の生育環境は一変。この年以降に生まれた人は皆「新型」の日本人なのだそうです。1960年に断層があり、人との関係性を変えてしまったというとても興味深い本でした（新潮新書『日本人には二種類いる』）。

そういう意味では、私は旧型人間ですが、人に対する心くばりには旧型も新型もないように思います。

見知らぬ人だと思うと、人はわりと平気で邪険《じゃけん》にしてしまいます。この人は、自分にとって大事な人だと思うと自然に大切にします。だからこそ、**見知らぬ人との間の公共のマナーは、その人の優しさ、心くばりを試されるのです。**

並んでいるときに、和式のトイレが空いていることが多々あります。そのようなときに、「和式が空いています。よかったらどうぞ！」と言ってもらえることがありました。有り難いですね。

トイレを綺麗に使う人が増えて、安心して公共のトイレを使うことができるようになったのも有り難いです。

トイレも使ったら、後を振り返ることは大切です。忘れ物もなくなりますし、自分が汚した物は、人が汚した物と違って綺麗にすることができます。自動のお手洗いに慣れている人が多いのですが、後を振り返ることで流したかどうか確認できます。

トイレットペーパーの端を三角に折っておくか、どうするかという論争がありますね。使用する前に自分が使うぶんを切っておいて、その後、三角に折っておくのならば汚くならないので問題ないと思うのですが、後から使う人にはどうだったかわからないので、折らないほうがよいという意見はよく聞きます。

もともと、三角に折るのは清掃《せいそう》が終わった合図ですので、トイレを使った人がわざわざ毎回折る必要はないかもしれません。確かに三角に折ってあると、紙は引き出しやすいですが……。

私が嫌なのは、切った紙の端がだらんと下がっていることです。前に使った人が、だらしない人だったのかしらと想像してしまって、あまりよい気持ちではありません。

それから、紙を引き出すとき、思いっきりガラガラと音を立てて引き出すのも、スマートでないと思います。

手を洗った後、そこに手を拭くための紙が置いてあったら、その紙で洗面台の水分も拭きとっている人がいると、気がきく人とうれしくなります。

トイレ待ちで長い行列ができることがあります。

私の友人の５歳のお嬢ちゃんが、遊園地の公衆トイレで、「もう我慢できない」と言いながら、それでも我慢して並んでいました。

そのとき、少し前に並んでいた女性が、自分の番になったときに**「お先にどうぞ！」**と言って順番を替わってくれたそうです。

後日、友人とそのお嬢ちゃんがスーパーマーケットで、カゴに買ったものをたくさん入れて並んでいるときに、牛乳パックを一つだけ持って並んでいるお年寄りが後ろにいたそうです。そうしたらお嬢ちゃんが、お年寄りに**「お先にどうぞ！」**と声をかけたそうです。

人から受けた恩を、直接その人に返すのでなく、別の人にすることを**「恩送り」**というそうです。

小さい子どもも、恩送りをするのですね。

◆見知らぬ人にこそ、気をつかう。

急に雨が降ってきたときの、忘れられない親切

私が子どもの頃は、街で雨に濡《ぬ》れて歩いている人がいると「どちらまでですか、よかったらどうぞ！」と言って傘をさしかけたものです。

「今は、そんなことをすると変な人だと思われるから、やらないほうがよい」と友人に言われてしまいました。

特に、男性が女性には絶対にやってはいけないそうです。

けれど、私にはそれが疑問なのです。困っている人（雨に濡れている人）を男女で区別してよいのでしょうか。

自分がされて嫌なことをしない、自分がされてうれしいことをする、という思いやりの心を見知らぬ人に行なうのは、今の日本ではおかしな人だと思われるようになっ

てしまいました。

せめて、信号で待っているときに隣に濡れている人がいたら、勇気を出して、「待っている間だけでも、いかがですか？」と傘をさしかけてみてください。

編集者の方から伺ったお話です。

知り合いの男性が、**雨の日に、駅前で子どもを抱いて雨宿りしている女性がいたので、持っていた傘を「どうぞ」とその女性にあげてしまって、自分は濡れて帰ったそうです。**

心が温かくなるお話ですね。

日本人は急に雨が降ってきたとき、急いで雨宿りをしようと走ります。一方で欧米の方は、多少の雨では走りませんね。ゆったりと歩いています。農耕民族と狩猟《しゅりょう》民族の差でしょうか。日本人は雨に濡れるのを嫌がる民族のようです。

雨の日には、どのようなことに気をつけていますか。まず、傘は明るい色の物を持ちたいと思います、雨の日は心もちょっとグレーになるからです。

それから、傘を開くとき、特にジャンプ傘を人混みで開くときには気をつかって開きます。勢いよく開くのでまわりの人にあたらないようにします。

人と行き交《か》うときは、どちら側に傘を傾けますか。行き交う人と反対側に傾けると、相手に傘からしたたり落ちる雫《しずく》がかからないようになります。

若い人は傘を高く上にあげる人が多くなりましたね。それでもよいと思いますが、しぐさとしてはオーバーになってしまいます。やはり先人たちが考えた、**行き交う人と反対のほうに傘をさりげなく傾けたほうがスマート**だと思います。

傘をつぼめたらすぐにバンドで留《と》めましょう。閉じないで歩いている人がいますが、だらしない人のように見えます。

つぼめた傘は、基本的には体と平行に持ちます。他の方に当たって濡らしてしまうことがないよう、気をつけたいところです。

電車の中で、座席に座っている人の前に傘を持って立つときは、傘を腕にかけますが、どのようにかけますか？

腕の内側にかけるとどうでしょうか？　傘の先が座っている人の足下に向くので、座っている人の靴を濡らす恐れがあります。腕の外側にかければ、傘の先が自分の足下に向くので、他の人を濡らすことがありません。

傘カバーを使っている人を見かけると、配慮がある方だなあと感心します。私は、雨の日にスーパーやデパートを利用してビニール製の傘入れをもらったときは、それを捨てずに一日中使うようにしています。

雨の日は、もしかしたら長傘より携帯傘のほうが、傘を忘れがちの人にはよいかもしれません。携帯傘をたたんだら、傘入れに入れずに、ビニール袋を用意してその中に入れてバッグにしまうのです。傘の置き忘れを防げます。

そういえば、今は、使った後にサッとふるだけで、見事に水滴が落ちる撥水《はっすい》加工の傘もあります。そのような傘をプレゼントに選ぶのも喜ばれますね。

◆他の人を濡らさないように。

混んでいる電車の中で、周囲を思う振る舞いは美しい

女性でしたら覚えがある方もいると思います。混雑した電車内で押されて、前の人の洋服に口紅がついてしまい、謝らないといけないと思いながら、知らんふりしてしまった経験はありませんか。本当にいけない、申し訳ないことですね。

その話をしましたらある女性は、**朝の通勤電車には、口紅をつけずに乗るようにしている**と話されたので驚きました。

混雑しているときは、座れないと本当にひと苦労ですね。

昔は、降りるときにはひと声かけて「降ります」「失礼します」など言って降りたのですが、この頃は、口をきくのが損だとばかりに、無言で人をかき分けて降りる人

がいますね。混雑して、皆がいい気分にはなれていない満員電車の中だからこそ、気くばりの言葉が大事だと思います。

中には、邪魔だと言わんばかりに人を無言で押しのける人もいて、不快を通りすぎて同じ人間同士なのになぜ？　……と疑問に感じます。

悲しくなるのは、急停車などで思いがけずぶつかってしまったとき、こちらが謝ったのに無視されるときですね。「申し訳ありませんでした」と言っているのに、何も答えてくれないのです。

「痛かったけど、大丈夫ですよ！」「お気になさらず！」「混んでいるときは、仕方がないですね」などと返してくれると、こちらの気持ちは楽になるのにと思います。

そんな電車の中でも、先日、爽やかな光景を見ました。

男子中学生が年配の女性に席を譲ろうとしたら、その女性が断ったのです。

するとその中学生が、**「レディファーストですから」**と言って、座ってもらっていました。中学生おそるべし……そういう中学生がいることがうれしいですね。日本はまだまだ大丈夫と思いました。

たいていの人は、喜んでもらおうと思って席を譲ったのに断られてしまうと、がっかりして、めげてしまいます。そんなときには、この男子中学生のようにめげない心で、相手が座りたくなるような言葉でうながすと、お互いにハッピーになれると思います。

めげない心と人を思いやる優しい心です。

大作家レイモンド・チャンドラーはいっています。

「強くなければ生きてはいけない、優しくなければ生きていく資格はない」と。

近頃、私もそうですが、リュックを持って電車に乗る人も増えています。電車の中では、後ろに背負ったまま立っていると、通路を通る人の邪魔になります。

体の前に持ってくるのもよいのですが、座っている人の頭にリュックがぶつかることもあります。

できれば荷物棚に置くか、ハンドバッグのように提《さ》げて持ったほうが迷惑がかからないと思います。

通勤時間帯のような混む時間に、キャリーバッグなど大きな物を持っているときは、人の迷惑を考えると、グリーン車がある路線なら、グリーン車に乗ったほうがよいと思います。

◆混んでいる電車でも笑顔になれるように。

暑い季節は、爽やかな〝香り〟を着る

梅雨時《つゆどき》のように蒸《む》し蒸しした季節には、体臭に気をつけたいものです。混雑した電車で、すえたような臭いをかいだことがあります。衣類を生乾《なまがわ》きのまま着たためで、一人暮らしの人にこうしたケースが多いようです。

生乾きの衣類には、熱めのアイロンをかけるだけでも臭いを断《た》てます。

そのうえで、香りを衣類につけることもよい方法です。

私の母が、衣類をしまっていたタンスに香り袋を入れていたのに習って、私も、クローゼットに香り袋を入れています。香り袋の香りは、きつくなりすぎることなくほのかに香ります。**下着の引き出しには香りのよい石けんを入れています。**石けんとして使う前の有効な使い方です。

夏場は、汗臭さを消すために香水やオードトワレを使う方も多いと思いますが、香を扱っているお店にある**「塗香《ずこう》」**もおすすめです。

一番古い形の香で、お寺で身を清めるために使っていたものですが、今、若い方が香水代わりに使っています。原料は白檀《びゃくだん》、桂皮《けいひ》、丁字《ちょうじ》などです。手首に塗りつけるだけですが、心が落ち着き気分転換になります。

昔、女性の香水の宣伝コピーに「香を着る」という表現が使われていましたが、夏はいつもより清潔を心がけ、さらに「香りを着る」ことができるとよいですね。

香り以前の対策として、汗かきの人は、社内のロッカーに着替えを用意したり、脇《わき》パットや脇の下に塗る汗止めなどを利用したり、ひと工夫したいものです。

暑苦しい季節に取引先を訪問するときも、**爽やかさを演出するために5分前でなく15分ぐらい前に着き、一息入れて汗を抑えましょう。**汗は到着直後に噴《ふ》き出してきます。汗が引いた後、頃合いを見て爽やかな顔で受付に行くようにしたいものですね。

◆いい香りのする人は、それだけで素敵。

いつまでも印象に残る、旅先からの絵葉書

旅行先から葉書をくださる年上の友人がいます。

メールで写真を添付して送ってもよいのに、ひと手間かけることが大事だと教えてもらっています。葉書は、すぐに飾っておけますし、素敵な絵葉書ですとフォトフレームに入れてしばらくの間、愉《たの》しませてもらえます。

娘が富士山の頂上の郵便局から出した葉書は、大事にとっておいています。富士山は大好きな山なのですが、私はまだ、登ったことがありません。

東海道新幹線の車窓から富士山が見えたとき、その葉書が日本で一番高い山から来たと思い出してうれしく、大事にしたいと思いました。

旅先から葉書を出すためには切手を持ち歩くことです。もちろん、旅先の郵便局からそこのオリジナルのスタンプを押してもらうのも喜ばれます。

差出人は、「旅先のどこどこにて　岩下宣子」と書くことが多いのですが、**葉書が迷子になることを予想して、現住所と名前を書いたうえで、「どこどこにて」と書くのがよいか**と思います。返事を出したいと思ったときにも、住所録を探さなくてもよいので助かります。

そうそう、郵便番号は必ず書いてほしいです。郵便番号を省《はぶ》く人も多く、返事を書くときに苦労します。

葉書に旅先のスケッチをして送ってくれる人もいます。私も絵の才能があればやりたいと思うことの一つです。いつか挑戦してみたいと思っているのですが「『いつか』と『おばけ』は、出たことがないわよ！」と私の母がよく言っていました。

メールでなく葉書で、心を届ける。

子連れのお母さんに感動させられたこと

新幹線などの座席指定をとって途中の駅から乗り込むとき、「信じられない！」ということがあります。

座席の下に、前の人の食べたお弁当や飲み物が捨てずに置いてあったり、座席のネットに飲み終えた缶コーヒーの缶がそのまま置いてあったりは、たまにあることですが、窓の縁《ふち》に銀紙に包んだガムが無造作に並べてあったのには、びっくりでした。人が口から出した物は触るのも気持ちが悪いと思うのは、私だけでしょうか。

降りるときには、席を元あったとおりにしていくのが原則です。立つ鳥跡《あと》を濁《にご》さず、リクライニングも元どおりに戻します。椅子を回して4人で仲よく座るのはよいのですが、降りる駅で元に戻さないのは、女性グループに多いように思います。

近頃の若い人は、シートを倒すとき、振り返って**「倒してよいですか」**と聞く人がいて礼儀正しいと感心します。もちろん、そう聞いてから倒してもよいのですが、飛行機の中のようにシートの間隔が狭い場所でなく、新幹線のように間隔がある場合は、一度にドンと倒さず、少しずつ倒せば断ることもないように思います。

見知らぬ人と隣で座席をともにするとき、真ん中の肘掛けは誰のものだと思いますか。真ん中の肘掛けは境界線です。男性は両肘を載せる人が多いのですが、いかがなものでしょうか。

子どもは大人と違って、まだ自分の心のコントロールができません。ですから、子どもと公共機関で一緒になったときには、寛容の心で見守ってあげることも大事だと思います。

私たちには、誰でも子ども時代があったのですから「うるさい」などと怒鳴られることは、今はそうないと思います。

といっても、子どもが狭い車内で騒ぎ出したときは、先手必勝です。速《すみ》やかにデッキにつれていくとか、まわりの人に「スミマセン」などと気づかいをすることです。

私が感動したのは、車内で泣きやまないお子さんをデッキであやしていたお母さんが、下車するとき、車内の人に**「うるさくしてすみませんでした」**と言って降りていったことです。勇気がいったことでしょうが、子どもが騒ごうが泣こうが知らんぷりする親もいる中で、素晴らしいと感動しました。

大切なのは、子どもが迷惑をかけたときにどのような気くばりができ、それを言葉や態度に表わすことができるかですね。

一番いけないのが、**子どもを注意したときに、「また、おばちゃんに怒られるよ」と人のせいにすることです。なぜ悪いのかを子どもに教えない親には、悲しくなります。**子どもが子どもを育てているのと変わりないように思えます。

公共の場は、見知らぬ人とのマナーを育てるよい場所です。まずは、なぜその行為が悪いかを子どもに教えることです。そのときに、ヒステリックな叱り方はNGです。公共の場所は、親も客観的に叱るコツを学べるよい機会だと思います。

子どもとも周囲とも向き合う。

皆がハッピーになる、旅行先での気くばり

以前、実際に旅館業を営《いとな》む方たちから、こんな話を聞いたことがあります。お客様が予約されるときに勝手に、「このようなサービスをしてくれるだろう」と思って申し込まれて、旅館側を困らせるケースがあるようです。

たとえば、カラオケの施設がないのにがっかりするケース。飲んだ後、ラーメンが食べたいのだけれどラーメン屋はないのかなど、自分が泊まる旅館で自分がやりたいと思っていることができるのか確かめずにいらして、本人も、要望に応えられない旅館側も、がっかりするようです。

予約するときに、自分がしたいことができる施設があるかチェックしておくことです。温泉好きな人は、お風呂の大きさ（広さ）も忘れずに！

苦手な食べ物やアレルギーなどがあれば前もって伝えておきます。

旅館のマナーとしては、予約時間を守る。遅れるときには連絡を入れるなどは当たり前のことです。

建物の中をキャリーバッグで引きずられると廊下を傷《いた》めてしまいます。仲居《なかい》さんが荷物を持ってくれますのでまかせましょう。

和室の床《とこ》の間は、神様の寝床です。私たちのご先祖様を祀《まつ》った名残の場所です。荷物を置いたり、子どもが遊んだりしないように言って聞かせましょう。

浴場では、体を洗ってからお湯に入る、タオルを湯船《ゆぶね》に入れないなどのマナーはご存じと思いますが、上がるときに体をタオルで拭かないでビショビショのまま更衣室に上がってくる人もいます。

それから、**体の一部をタオルで隠さず、堂々と歩く人もいますが、エレガントさに欠けるように思います。**公共のお風呂は、自宅のお風呂とは違うことを認識してもらいたいものです。脱衣籠《かご》に入れた脱いだ服は、他の方から見えないようバスタオルで隠すこともお忘れなく。

心付《こころづ》けは、日本の美しい習慣と思いますが、気持ちの問題ですので渡しても渡さなくてもよいと思います。渡すのでしたらポチ袋や懐紙《かいし》に包みます。

日本では物の売買以外では、お金は包んで渡すのが文化です。欧米のチップとは違います。ティッシュは鼻などかむときに使うもの、あれに包むのはオシャレではないです。

チェックアウトの際は、使った部屋を振り返ってなるべく元どおりにして出ることがマナーです。使ったタオルを照明や椅子にかけないこと、椅子や照明器具を傷めます。バスルームにまとめるか、バスタブの中に入れておきます。

雑誌などはゴミ箱に入れるか、ゴミ箱のそばに置かないと、清掃の方がゴミなのか忘れ物なのか判断がつかず、心配するそうです。ゴミ箱のまわりに置いて出てください。

私は、お掃除の方の名前が書いてあるときは、メモ用紙に**「気持ちよく過ごすこ**

とができました。ありがとうございます」と書いてくるようにしています。

あるホテルの支配人から聞いた話ですが、そのホテルを定宿にしている有名なスポーツ選手は、チェックアウトするとき、本当に使った部屋だろうかと思うくらい綺麗にして帰るのだそうです。一度だけ部屋を散らかしたまま出て行かれたときは、試合での成績がよくなかったそうです。

部屋を綺麗にすると心も整い、すがすがしくなるということなのでしょうか。

◆宿泊した部屋を、出るときも綺麗に。

「おかげさま」の気持ちが教えてくれること

元・京都大学学長の平沢興《ひらさわこう》氏は、〝伸びる人の共通点〟を次のように言っています。

「人間の一生を見ておると、一見どうにも腑《ふ》におちぬようなことがいろいろある。だれもが嘱望《しょくぼう》したような者がいっこうに、伸びなかったり、反対にそれほどとは思われなかった者が、ぐんぐん伸びたりする。

（そうそう確かにあります……私の心の声）

しかし、よく落ちついて考えてみると、やはり伸びるべき者が伸びており、伸びるべからざる者は伸びていないのである。

（ふ〜ん！　そうですか？）

伸びている人には、たしかに何か共通のよさがある。

がまん強い人、平気で損のできる人、いつでも善意で事に処《しょ》している人、**自分の立場よりむしろ人の立場を深く考えるような人で、こういう気持ちだから、表情も明るく、はればれとした態度で人に接している」**

（ハイ、納得です）

確かにこういう人は、人に花を持たせることができる人だと思います。

部下の手柄《てがら》を自分がやったように言う人と、自分がやったことでも、「おかげさまで」と皆の手柄にできる人がいます。職場で表彰されて皆から「おめでとう！」と言われたとき、ただ、「ありがとうございます」という人と**「ありがとうございます、皆様のおかげです」**と言う人がいます。後者の人こそが、伸びていくのですね。

昔から「損して得とれ」ということわざがありますが、私は**「損して徳とれ」**という言葉に置き換えたいと思います。

◆周囲に花を持たせる。

大切な人に「ねぎらいの気持ち」を示す

お給料が銀行振り込みになってから、働いてくれている人への感謝の気持ちが、薄れていないでしょうか。

お給料が現金で支給されていたときには、家族の間に「今日は、うれしいお給料日……」という感覚があったように思います。当時、我が家では夫がもらってきた給料袋を、まずはご先祖様に報告するために神棚《かみだな》や仏壇に上げていました。

そして、夫からお給料袋を受け取ると、**「ありがとうございます、一カ月お疲れ様でした」**と感謝とねぎらいの言葉を言っていました。

お給料の明細書も、大事にとっておいた人もいたと思います。汗水たらして働いた証《あかし》、粗末にできないという気持ちだったと思います。

そして、いただいたお給料袋のお金の中から、電気代、ガス代、学費などと分けました。その作業もあって「今月もこうして無事に暮らせる、有り難いこと」という気持ちになっていたのだと思います。お金を実際に触って実感していたから、もったいないという感覚があったのではないでしょうか。そうした支払いも、今は銀行から自動引き落としにしているお家が多くなっていると思います。

今は共働きの時代ですが、お給料が銀行に振り込まれた日に、夫婦が互いに**「一カ月お疲れ様でした」「ありがとうございます」「今月も頑張ったね」**など、感謝とねぎらいの言葉を言いあっている家庭は、どのくらいあるのでしょうか。

お給料袋が家庭に運ばれなくなった現代では、カレンダーの中のお給料日に○をつけ、その日の夕食の時間にお父さん・お母さんに、家族皆でねぎらいの言葉を言う日にしたらいかがでしょうか。

照れないでください。家族は馴《な》れすぎて狎《な》れる（相手の気持ちをおもんぱからなくなって自分の都合で考えるようになる）ようになりやすいのです。

◆感謝の心を、照れずに伝える。

「自分さえよければ」ではなくて……

つらい、悲しい、悔しいといった経験も味わうのでなければ、人間として成長できないように思います。そのことを、今の若いご両親はどう思っているのでしょうか。

というのは、私は小学校の先生方とお話しする機会も多いのですが、子どもが泣いて家に帰ってくると、

「子どもがなぜ試合に出場できないのでしょうか」

「子どもが悔しがっています。先生どうしてくれますか」

などという苦情を先生に言ってくる親も多いと聞きます。

ノーベル賞受賞者の山中伸弥《やまなかしんや》さんは、中学時代に、教育実習に来た先生に柔道の相

手をしてもらっていて、腕を折ったときのことを次のように話しています。

「夜、先生からお詫びの電話があったとき、母親は『先生、気になさらないでください。これからも投げ飛ばしてください』と言ったそうです。我が母親ながらすごい！　と思った」

それから山中博士は、「何かよくないことがあったときは、身からでた錆《さび》。うまくいったときは、おかげさま」と考えるようになったそうです。

涙を流すことは、子どもが成長するためには必要という人もいます。

これも、小学校の教頭先生から伺った話です。

「ピアノを小さいときから習っている男の子がサッカー部にきました。顧問の先生が『指でも折ったら大変です。おやめになったほうがよいです』と言ったら、その子のお母さんは『先生、大丈夫です。右手がダメだったら左手でピアノをひけます。両手を怪我《けが》をしたときには、足があります』とおっしゃったそうです」

その子は、今ピアニストになり、世界で活躍しているそうです。

いつから、自分の子どもさえよければという親が増えてしまったのでしょうか。

自分の子どもを守りたいという気持ちはわかりますが、我が子可愛さのあまり、他者に対する思いやりを忘れてはいないでしょうか？

自分の子どもも、まわりの人も、どうしたら気持ちのよい時間が過ごせるかという思いやりの心で、問題解決できるとよいと思います。

どんな経験も、必要なこと。

「情けは人のためならず」の本当の意味

「情けは人のためならず」――この言葉の意味を新入社員研修で尋ねると、「人に情けをかけるな、甘えてロクな人間にならないから」と答える若者がいます。

残念、それは誤りです。このことわざの本当の意味は、

「人にはよくしなさい。自分ができる限りのことをしてあげなさい。そうしたら、それが自分や自分の家族や自分の子孫に返ってくるよ」

ということと、私は理解しています。

恥ずかしながら私もこの歳になって、この言葉の意味がようやくわかってきたように思います。

親として何より心に思うのは、子どものことではないでしょうか。

私事ですが私の父は、人によくする人でした。子どもの頃、私はそんな父に、

「そんなに人によくするのだったら、もっと私たち家族によくしてよ」

と言ったことがあります。すると、父は、

「お父さんは、自分が人によく思ってもらおうと思ってしているわけではないよ。**あなたが将来困ったときに、お父さんがこうして誰かの役に立っていたら、あなたを助けてくれる人が出てくるに違いないという思いで、できる限り人のお役に立ちたいと思っているんだよ**」

と話してくれました。

昔の日本人には、父のような人が多かったのではないでしょうか。

子どもや家族を思う気持ちから、自分さえよければではなく、自分や自分のまわりの人間が気持ちよく過ごすためにはどのようにしたらよいかと考え、それが「思いやりの心」として表われたのではないかと思います。

◆ 人によくしたことが、自分にもまわりにも返ってくる。

本書は、本文庫のために書き下ろされたものです。

心《こころ》が「ほっ」とする小《ちい》さな気《き》くばり

著者　岩下宣子（いわした・のりこ）
発行者　押鐘太陽
発行所　株式会社三笠書房
〒102-0072 東京都千代田区飯田橋3-3-1
電話　03-5226-5734（営業部）03-5226-5731（編集部）
http://www.mikasashobo.co.jp
印刷　誠宏印刷
製本　ナショナル製本

 ISBN978-4-8379-6875-7 C0130

王様文庫